投资心理学

［美］斯科特·内申斯（Scott Nations）著
张若梦 译

THE
ANXIOUS
INVESTOR

中国科学技术出版社
·北 京·

The Anxious Investor
ISBN:978-0-06-306760-8
Copyright © 2022 by Scott Nations.
All rights reserved.

北京市版权局著作权合同登记　图字：01-2024-0063

图书在版编目（CIP）数据

投资心理学 /（美）斯科特·内申斯（Scott Nations）著；张若梦译 . — 北京：中国科学技术出版社，2024.5（2025.2 重印）
书名原文：The Anxious Investor
ISBN 978-7-5236-0545-5

Ⅰ.①投… Ⅱ.①斯… ②张… Ⅲ.①投资—经济心理学 Ⅳ.① F830.59

中国国家版本馆 CIP 数据核字（2024）第 044323 号

策划编辑	杜凡如　李　卫	责任编辑	刘　畅
封面设计	仙境设计	版式设计	蚂蚁设计
责任校对	张晓莉	责任印制	李晓霖

出　　版	中国科学技术出版社
发　　行	中国科学技术出版社有限公司
地　　址	北京市海淀区中关村南大街 16 号
邮　　编	100081
发行电话	010-62173865
传　　真	010-62173081
网　　址	http://www.cspbooks.com.cn

开　　本	880mm×1230mm　1/32
字　　数	171 千字
印　　张	8
版　　次	2024 年 5 月第 1 版
印　　次	2025 年 2 月第 2 次印刷
印　　刷	大厂回族自治县彩虹印刷有限公司
书　　号	ISBN 978-7-5236-0545-5/F·1222
定　　价	68.00 元

（凡购买本社图书，如有缺页、倒页、脱页者，本社销售中心负责调换）

前　言

扬克兄弟（The Younkers Brothers）百货商店规模很大，比该州第二大百货商店大了好几倍。这家百货商店占据了美国爱荷华州得梅因市中心的整块街区，出售男装、女装、童装，以及家具陈设和生活用品。作为得梅因市的旗舰百货商店，扬克兄弟百货商店的设施十分先进，他们在1934年安装了空调，在1939年安装了该州第一部自动扶梯（当地人称为"电动楼梯"），同年希特勒在欧洲发动了战争。

美国在两年后参战，扬克兄弟百货的一切都发生了改变。定量配给、物资短缺导致货架上商品减少。尽管如此，这家百货还是敦促爱荷华人履行战时职责，提醒他们每次来这里都要履行职责。扬克兄弟百货邀请客人们到商店大厅看一张地图，据称是爱荷华州最大的地图，地图上标记了所有战争前线。客人可以听具有教育意义的演讲，还可以为驻扎在国外的军人买东西。扬克兄弟百货还热心提供了"推荐的士兵礼物"清单，其中包括手表、钢笔、文具和吸烟用具。客人还可以在商店购买战争债券。

第二次世界大战耗费了美国2960亿美元，相当于今天的4万亿美元，其中有一半以上来源于1941年至1945年美国民众的7次战争债券投资活动。作为爱荷华州最大城市的中心企业之一，扬克兄弟百货成了战争债券的销售中心。员工在出售手表、钢笔的同时，也出售债券，甚至有97%的员工用工资投资债券。将客人和员工的投资相加，扬克兄弟百货在每次活动中都能卖出至少50万美元。店里有一名鞋匠是希腊移民，他的兄弟在美国海军服役，仅他自己就卖出了价值209675美元的战争债券。

每一家出售战争债券的美国企业都获得了政府在市场营销方面的帮助。在一次投资活动中，扬克兄弟百货前门外的核桃街上陈列满了缴获的德军武器。购买债券的客人可以在下次活动时乘坐商店外面的美国陆军坦克。附近的标语也催促客人"把炸弹寄给你最喜欢的敌人"——德国还是日本，由你来决定。购买债券的母亲就可以选择将自己投资的炸弹空运过去。

扬克兄弟百货和美国财政部偶然发现了一条投资的基本真理。他们出售战争债券的方式是迎合投资者情绪，而不是将战争债券标榜为有价值的金融投资。为什么是这样？因为尽管我们拥有了现代化，拥有了多年的学习成果，拥有了以市场为导向的技术，热情和情绪对投资而言仍然十分重要。投资者学习、理解和计算自己的行为怪癖，能够有效改善其长期投资结果，甚至比疯涨的牛市还要有效。相比较历史上所有的熊市和崩盘，投资者因自己的行为怪癖而减少的投资效益更多。

在过去的几十年里，很多经济学家都告诉我们，人类在任何时候对金钱都完全理性。这是一个愚蠢的说法。300多年来，有那么几段时期，投资者显然并不完全理性，甚至可以说完全不理性。投资泡沫和投资崩溃是其中最明显的两个例子,除此之外,每个人也都能想起自己对金钱不理性的时刻——就好像那些在扬克兄弟百货购买战争债券的爱荷华人一样。

即使我们没有卷入世界大战,当我们的情绪处于最原始、最浅层的状态时,行为怪癖和个人习性也很可能扰乱所谓的理性财务计划。在《投资心理学》一书中,我们将讨论投资者因行为偏差而做出的蠢事。你将了解到,为什么我们在熊市(股票价格普遍下跌20%以上)的压力下最容易屈服这些行为偏差。也就是说,当情况糟糕到我们几乎无法承受时,行为偏差造成的损失最大。我会结合三次股市泡沫及股市崩盘的背景来剖析这些行为偏差,以便你理解为何它们在当时看起来是合理的。然后,我们再脱离历史背景,具体研究并充分理解每种偏差,学习如何避免过去出现的投资错误。因为很不幸,没有哪个行为偏差(一个都没有)能提高投资收益或降低投资风险。

本书围绕15种投资错误展开。如果你只想看总结性内容,可以查看本书最后部分的清单,其中列举了这15种错误。但在具体论述错误之前,我们首先要介绍一下金融史上的三个轰动事件,这三个事件造成了巨大损失,也带给了我们很多启发。

第一章为"恐惧",我剖析了第一次金融泡沫和随之而来的经济崩盘,以及两个最不起眼的行为偏差。一是处置效应,即投资者抛售可获利的投资产品、保留不可获利的投资产品时所表现出的行为倾向。投资者常把这种处置效应标榜为自己富有耐心、毫不贪婪，但其实处置效应只会降低投资回报。二是损失规避。想要规避损失是合理的，但有些投资者规避过头，甚至拒绝对他们有利的投机，认为亏损的痛苦远远大于赢利的快乐。此外，你还会了解到性别如何影响投资决策，社会投资如何阻碍成功，今天和300年前仍是一样。

第二章为"非理性"，我结合了近100年来最大一次股价泡沫，即2000年3月互联网股票泡沫，进行分析。当时，互联网似乎要改变我们的生活，后来也的确改变了。有些人认为，互联网将以一种特殊的方式改变他们的生活，因为他们认为，让那些公司及其杰出创始人变得特别的东西也能让他们变得特别。但事实并非如此，我们将了解到，随着股价暴跌，最终互联网是如何变得让人反感的。我将向你展示，在我们试图对股票价值做出合理估计时，那些完全不相关的数字是如何变成心理锚点的。我们将了解到，这10年中引入的技术为何让投资变得更加困难，以及为何信息的洪流让我们注意到某些股票，仅仅因为该股票发生了不寻常的举动或不寻常的高额交易。这两种不寻常的信息都可能有新闻价值，但如果投资者只考虑那些容易抓人眼球的投资概念，最终他们的投资组合中就只会剩下最具新闻价值的股票，而非最能赢利的股票。

第三章为"复杂性"，我分析了2008—2009年的经济大衰退。该事件提醒我们，即使未来摆在我们眼前，我们也不可能真的能看清未来。人们之所以以为自己能预见灾难的到来，只是因为灾难在事后的回忆中太过生动。这种想法让投资者过于自信，以为自己也能预见下一次灾难发生，但实际并不能。你还将了解到，我们的世界正变得越来越复杂，但复杂本身只会让人感到困惑，导致许多投资者不知如何是好，只能从他人那里寻求线索。这就导致了羊群效应，行情好时股价升高，行情坏时股价又降低。我们将学习投资者面对意想不到的戏剧性事件时反应过度的相关现象。我们还将了解，我们缺乏专注于新闻和财务投入的精力，有时可能只差一点专注就能获得最好的投资结果，但那时我们的精力枯竭了。

情感导致人类在涉及金钱时行为怪异。当我们的压力增加，比如资产因股市崩盘或熊市而减少时，我们的努力克制就很可能让位于某种行为怪癖，而且我们当时也不会意识到有什么不对。为了成为更好的投资者，我们需要关注那些做到正常投资都很难的时期、那些让我们失去理智的投资泡沫时期以及紧跟其后且无法避免的熊市时期。

在这种时期，行为怪癖恰恰会出现在需要我们具备最佳状态的时刻。只有当我们处于最佳状态时，才能做出正确、长期的改变。这也就是对更好的长期回报来说真正重要的时候。在这些时刻了解我们的行为弱点是很有帮助的。做一个体面的投资者并不难，市场会帮你做很多工作。如果你在 1896 年 5 月 26 日，也就是推出道琼斯指数的那一天，为该指数投资 1 美元，那么到 2021 年年底，你的投资将涨至 887.60 美元。在这种情况下，即使我们对投资不管不问，即使市场的情况不容乐观，我们也能获得丰厚的回报。

市场的糟糕时刻是不可避免的。截至2022年年初，自第二次世界大战结束以来，美国股市经历了12次熊市。有些是毁灭性的，比如2008年房地产市场崩溃后的大衰退，股市下跌了一半以上。有些持续了好几年，比如2000年互联网股票泡沫破裂。幸运的是，有些持续时间较短，给投资者造成的痛苦也较小。不管结果严重与否，可以说熊市是经常发生的，大约每6年发生一次。

现在我们开始认识到了这些行为偏差，并惊讶地发现自己曾落入这些行为偏差，但这是我们第一次在糟糕的股市背景下剖析这些偏差。到目前为止，对行为偏差的研究一直局限于教室里枯燥的学术研究中，不涉及真正的金钱，也没有出局的风险。而我们将在真实环境中，在熊市和崩盘中研究行为偏差。许多书都是通过研究一家公司的基本面、剖析其资产负债表或将其市盈率与竞争对手的进行比较来介绍如何进行投资的。还有一些书是关于如何解读股票图表中的隐藏含义的，例如"头肩形态""杯柄形态"。但很少有书介绍为什么执行投资计划如此困难，为什么仅仅因为情况艰难，投资行为就如此容易脱轨。而这正是本书要研究的。芝加哥交易所的老交易中心是最容易揭露行为偏差的地方，我曾在那里做过几十年交易员，亲身经历过每一种行为偏差。希望接下来，你能从我的经历中受益。

这种分析有时可能会让人感到不愉快，因为很多读者都会在我们讨论的错误中看到自己的影子，但这正是我们要讨论这些错误的原因。把之前损失的钱财当作学费，把这本书传授的洞察力当作你的文凭吧！

目 录

第一章
恐惧 ———————————— 001

第二章
非理性 ———————————— 047

第三章
复杂性 ———————————— 099

第四章
优化投资清单 ———————————— 147

致谢 ———————————— 213

参考资料 ———————————— 217

第一章

恐惧

他个子一直不高，出生时就又小又瘦，大家都以为他活不了多久。结果他活到了 78 岁这个年纪，变成了一个驼背的老人。他留着一头银灰色的及肩发，个子不高，脑袋也很小，但却装满了智慧。

他叫艾萨克·牛顿，不过也有人说他的全名是劳伦斯·艾萨克·牛顿·詹姆斯，但没有足够的证据。众所周知，他在伦敦的生活相当富裕。故事发生在 1695 年，他从学术界转向金融界，赚了一大笔钱。从那以后，许多人都效仿他转行到金融界。1696 年，他担任英国皇家铸币厂的监督员，负责调查和起诉货币造假犯。在他的任期内，至少有 24 人因此罪行而被处刑。1699 年，他被提拔为皇家铸币厂厂长，每年的薪水和佣金共计 2000 英镑，相当于现在的年薪 200 万美元，比他在大学教书时收入的 20 倍还要多。他终身未婚，没有子女，但他在继侄女的照料下，日子过得也不错。

1720 年，也就是在牛顿担任厂长的 20 多年后，他的净资产达到了 3 万英镑。像许多同龄的有钱人一样，他在投资方面比较保守。他的钱大都购买了政府债券，还有一些运营稳定的大型股份公司向公众发行的股票，其中就包括英格兰银行和南海公司。英格兰银行是一家私人银行，成立于 1694 年，专为英国政府提供银行服务。

南海公司听着名字响亮，做的却是无聊生意，但这样的生意规模庞大，也必不可少。1711年，英国政府债台高筑，在西班牙王位继承战争中欠下债权人和承包商（确切人数不详）约1000万英镑的高额债务（确切数额不详）。1700年，西班牙国王查尔斯二世驾崩，没有留下继承人，冲突就此开始。法国与英国在继承人问题上明争暗斗，想要把西班牙并入庞大的帝国版图中。战火在欧洲各地燃烧，这场战争持续了10年，耗费了巨额资金。

英国政府在战争方面的投资一向随意且混乱。战争支出数额庞大，但英国政府没有设立过中央金库，也没有估计过总体预算，各个部门随心所欲地借贷和支出。在对外战争中，各个战争前线相隔数百英里（1英里≈1.609千米），出现急需在所难免。因此，一旦有任何打仗时要用得上的东西，无论价格多少军需官都会立刻赊账购买。西班牙王位继承战争终于拖拖拉拉地结束了，其间共有40万人丧生，英国共花费了3000万英镑，10年后仍有三分之一未能偿还。

南海公司成立于1711年，是一家私营公司，成立的目的是帮助英国政府处理日益严重的财政问题。公司计划让政府债券持有人拿债券交换公司股份，这样一来，该公司就可以直接从政府获取利息，自己保留一小部分后再将剩余利息转交给股东。100英镑的债券可交换整份股份，股东每年可收取6英镑利息。债券数额较低的持有人可交换部分股份。随着利率变化，6英镑利息的价值也会发生变化，股票的对应价格也相应地在100英镑上下波动。不过在交换股份后的几年内，南海公司的股票价格一直波动不大。

即使南海公司保留了一小部分收益，将非流通的个人借据转换为可流通的股票对投资者也具有极大的吸引力。这笔交易对英国政府来说也大有裨益，因为英国政府现在只需要与一个大债权人——南海公司打交道，而不用与成千上万个小债权人打交道。在政府看来，这种安排十分有利，便急于让尽可能多的债券持有人参与进来，甚至还开出更好的交易条件。政府允许南海公司垄断在南美利润丰厚的贸易（这也是"南海公司"名字的由来），从贸易中获得的任何利润都将增加到支付给股东的利息中。

英国著名作家丹尼尔·笛福（Daniel Defoe）曾就货币、金融等多个话题发表了文章（尽管他在1692年破产，至少进过两次债务人监狱）。同很多人一样，考虑到南海公司对南美贸易的垄断，他对该公司的前景充满信心。1711年，他写道，南海贸易将"打通一条财富之脉，带来大量财富，几年内，就足以补偿巨大开支"。尽管笛福之前的财务状况不佳，但他和所有股东都希望南海公司的船只能将英国产品运往南美海岸，然后满载金银从玻利维亚、墨西哥和秘鲁返回，希望该公司能舍弃从政府收取利息并转交给股东的单调业务，专注于垄断贸易的动态业务。

不幸的是，南海公司的海外贸易一直利润不高。战争结束时签订的条约限制了英国与南美的贸易，英国每年只能运输一船货物，而且这一船货物的利润还必须分给西班牙的新国王一部分。在与南美的贸易中，南海公司唯一不受干涉的部分是"阿西恩托"（asiento），即从非洲进口奴隶的权利。这也只是听上去离奇，并不能带来多少利益。1719 年，笛福把南美的东北海岸作为小说《鲁滨逊漂流记》（*Robinson Crusoe*）的背景，该小说后来大受好评。

南海公司无法实现对巨额利益的承诺，后续发展举步维艰，之后近十年一直专注于从英国政府收取利息并将其转交给股东的业务。如果一切顺利，公司是可以赢利的。但由于英国政府债务量太大，在偿还债务时没有自制力，又卷入了其他战争，引发了更多债务，所以南海公司总是有额外转换成股票的债券。

到了 1719 年，更多可以转化成股票的债券已经就绪。在西班牙王位继承战争之前，与法国始于 1688 年的九年战争就已不出所料地耗尽了国库，使英国负债累累。1694 年，在威廉三世王宫中负责组织和监督赌博的皇家侍从托马斯·尼尔（Thomas Neale）突然想到了"彩票贷款"的主意，能弥补政府亏空。彩票价格为 10 英镑，中奖号码随机抽取。每位彩票持有者在 16 年时间里都能获得至少 1 英镑的年金，幸运的人还能获得总计 10 英镑至 1000 英镑的额外年金。在普通工人一年只能挣 20 英镑的时期，这是一笔巨大的意外之财。最初，彩票以奖券的形式售出了 100 万英镑，英国便又采用了这样的形式。在 1703 年至 1715 年，英国用类似的彩票贷款筹集了 1000 万英镑。

当然，尼尔发明彩票并不是为了增加财政收入。《旧约》中描述了用随机抽签来分配土地的方法，欧洲西北部沿海地区的市政府，包括今天的比利时、卢森堡和荷兰，早在两个多世纪前就设立了彩票让公民投资。但是尼尔凭借自己与赌博相关的职位，可能更深刻地理解了普通大众的堕落冲动，他对彩票的运用比其他人略胜一筹。

我们很容易想起自己在处理金钱问题上不太理性的时刻。然而，经济学家在20世纪50年代得出的理论却认为我们始终保持着理性，如今仍有许多人强烈拥护这一观点。该观点避免了经济学中的大量计算出现混乱，让研究变得更方便，使个人消费偏好和约翰·梅纳德·凯恩斯（John Maynard Keynes）的"动物精神"等定性问题让位于一种非人道的纯定量方法。

在20世纪50年代之前，人类的情感和脆弱一直是数百年来经济学准则的一部分。18世纪，苏格兰经济学家亚当·斯密（被称为"现代经济学之父"）的书中写的并不是资本主义，而是"商业社会"，其中包含了人类利他的健康成分。160年后，凯恩斯率先将动物精神的旧概念应用于经济学。他提出，金融投机本身会导致"不稳定"，"不稳定是人性的特点，我们的积极活动，无论是道德的、享乐的，还是经济的，很大一部分都依赖自发的乐观主义，而不是数学预期。我们做出积极决定，其全部结果在未来多天后才能显现，这些决定只能是动物精神的结果"。凯恩斯将动物精神定义为"一种决定采取行动而非无所作为的自发性冲动，而不是量化收益乘以量化概率后取加权平均值的结果"。

负责皇家赌场的托马斯·尼尔对此心知肚明。他发明彩票贷款，正是因为彩票贷款能够利用投资者的感官追求、情感、希望和动物精神（采取行动而非无所作为的冲动），让他们人钱分离。

当我们专注于一些新的、强烈的感官刺激，比如可赢利的赌局或投机时，大脑会释放出大量化学物质，让我们感到兴奋。其中的一种化学物质是肾上腺素，它能提高心率，进而增加到达大脑的氧气量，提高能量水平和精神集中水平。另一种因新的感官刺激而释放的化学物质是多巴胺，也被称为"让人感觉良好"的神经递质，多巴胺有助于产生一种让人快乐的整体感觉。其他化学物质还包括内啡肽，它可以缓解身体疼痛，让人们在锻炼后感到兴奋。

我们都会想要更多这种兴奋的感觉。有些产生这种感觉的活动是无害的，比如坐过山车、去国外旅行和看恐怖电影；有些活动则是有害的，比如使用非法药物；还有一些则介于两者之间，比如饮酒和股票交易。

几十年来，经济学家一直对每天的股票交易量感到困惑。理论上，市场反映了所有股票在任一时刻的均衡价格。只有公司的基本面发生变化时，均衡价格才会改变，交易才会发生。发生这种改变的原因可能是公司产品销量上升或新产品发布，但这些事件一般很少发生。即使利率频繁变化可能会改变一些投资者对股票的估值，但从理论上讲，一年也只应该存在几十次交易活动，一般发生在季度收益公布、其他公司出现新闻、美联储召开会议和宏观经济数据（如失业率）发布前后。然而实际情况却与理论截然相反，投资者每天的交易活动高达数百万次，交易量超过数十亿股。那些认为人类是完全理性的经济学家是无法解释这种现象的，但"自发的行为冲动"或动物精神却可以给出合理解释。

一种关于这种自发冲动的学术理论是感官追求理论，即追求新奇、强烈、多样的感觉体验的倾向，这些感觉体验通常与真实或想象的生理和财务方面的风险有关。除了坐过山车、看恐怖电影和使用非法药物，最典型的例子就是超速驾驶和去赌场赌博。鉴于赌场会赚取佣金，对赌博唯一的合理解释就是追求感官刺激，或委婉地称为"娱乐"。我们通常不会认为投资是一种娱乐或刺激的来源，但真的是这样吗？

有一项关于"感官追求与对冲基金"的研究，该研究考察了对冲基金经理购买的汽车，发现许多经理在买车时都受到了感官追求的影响。根据研究者的说法，拥有高性能跑车的对冲基金经理比同事承担了更多的投资风险，但并没有产生相应的更高回报。更糟糕的是，开跑车的基金经理所管理的基金更有可能破产。这些基金经理喜欢在投资时不走寻常路，他们更喜欢投资升值可能性低的高风险股票，也就是所谓的"彩票型"股票，而且交易更频繁。具体来说，开跑车的基金经理比开小型货车的基金经理多承担11%的风险。如果你想追求感官刺激，这种高风险决策就是有意义的，但如果你想争取更高的投资回报，这种决策就毫无意义。

还有一项研究调查了1995年至2002年芬兰个人投资者的驾驶模式，研究表明，那些超速罚单次数更多的人更有可能进行股票交易。研究对象每多收到一张超速罚单，进行的股票交易数量就增加近10%。

为了娱乐而进行的股票交易自然是一种游戏。投资不该是一种折磨，但为了刺激而投资的人往往不会成功。追求感官体验的投资者并不疯狂。有的投资者总是深思熟虑，想赚到孩子的学费，或为自己退休做准备。与这些投资者不同，追求感官体验的投资者在玩另一种游戏，他们追求的是刺激，是大脑释放的特定化学物质所带来的刺激，而不是长期积累的财富。

投资者应该问问自己是否有在市场上赌一把的倾向，是否愿意为了赌一把的感觉而交易。如果是，他们就应该牢记凯恩斯的这句话："对于完全不喜欢赌博的人来说，投资游戏无聊又费力，令人无法忍受；对于喜欢赌博的人来说，他们肯定会为这种癖好付出一定代价。"

托马斯·尼尔的彩票贷款打着合法投资的幌子，但也都是靠着赌博的刺激才筹集到了这么多钱。彩票贷款带来的刺激以及获得更多奖金的希望，导致一些人过度透支。但至少这个彩票公司——英国政府向彩票持有者支付了很高的利息——这是对贷款以非流通年金形式支付而不是一次性支付的补偿。

随着时间流逝，投资者购买彩票时的兴奋感已成为遥远的记忆，政府也早早就把钱花光，彩票贷款遗留下来的债务又落到了南海公司的身上。

1719年，彩票贷款的转换甚至比之前更成功，其中就包括西班牙王位继承战争的最初债务转换。政府将年金转换成可流通的股票，降低了必须支付的利率。与此同时，债券持有人可以灵活地出售股票和套现，不用再等待年金支付。

彩票贷款出售方式的改进引起了很多关注。一些股票交易员因吵闹而被赶出伦敦皇家交易所，他们便聚集在附近的公共咖啡馆，比如乔纳森咖啡馆和卡洛韦咖啡馆。这两家咖啡馆都位于伦敦交易巷，交易巷是一条迷宫一般的过道，位于交易所大楼对面，连接康希尔街、伦巴底街和伯钦巷。这三条街道组成了一个歪斜的三角形地区，那里到处都是券商和银行，为咖啡馆里的交易员提供了现成客户，也为投资增加了一个新社会面。一位伦敦人表示："那些住在伦敦的人，每个工作日中午和晚上都会去卡洛韦咖啡馆，讨论某些事件对大多数股票交易公司的价格有多大影响。"突然之间，投资变成了一种社交活动。普通投资者（包括投资总额在 10 英镑左右的人，以及经常光顾咖啡馆的人）也听说了南海公司成功实现债转股的消息，了解到了这家公司的光明前景。

想要获取最新的市场消息，投资者也不一定非要硬着头皮到交易巷和咖啡馆去，他们也可以借助一种新的信息来源——独立媒体。1719 年，市面上出现了成百上千种报纸和半正规的小册子，没有订阅的人也可以在远离交易巷的咖啡馆里听到别人大声朗读。有几家报纸关注金融新闻，每天公布最新的交易价格，其中最重要的就是南海公司的交易价格。

现在投资者能够了解到自己可流通股票的价值，这与过去形成了鲜明对比，过去他们根本无法知晓非流通彩票贷款年金的确切价值。同样，要知道股票投资组合的确切价值也很容易，投资者只需登录自己的理财账户就可以了。相比之下，要知道房子的价值就比较困难了，只能做一些粗略的估计。现在投资者能精确估算所持资产的价值，观察其价值每天的变化，这让投资前所未有地带有了即时性和情感因素。这种精确性也让个人投资者变得过于自信，尤其是理解市场、估计预期利润以及实现利润的能力。

在南海公司创立之前，投资者还不能将债务转化成股票的时候，他们从不清楚自己资产的现值，不过这也并无大碍。就像如果你打算在现在的家里再住上十年，该房屋的现值多少也并不怎么重要。股票不可流通就意味着投资者只能被迫接受年金，收取年度款项。南海公司第一次解决了这种不确定性。投资者不仅可以时刻知道股票的价值，还可以在现有价格上买卖股票。这自然让人们不禁好奇下个月或明年的股票会值多少钱。

这种不确定性在具体形式上很新颖，但在一般概念上由来已久，今天我们通常称为风险。风险的英语单词为 risk，来自意大利语 rischio，通常带有负面含义，意味着危害或危险，也指可能带来巨大回报的冒险。风险本身显然不是新概念，但这种对当前和未来价格的实时性财务焦虑对投资者来说却很新鲜，它让投资者产生了一些潜意识的偏见和行为，在不确定的情况下主导投资者的决策。

当投资者开始考虑未来价格，而不考虑经济价值时，当前价格就成了精神支柱。在估算未来价格时，投资者开始更多地考虑近期价格，而不是长期的基础利率价格。他们开始寻求某些价格模式，即使这些模式并不存在。甚至连"南海公司"这个名字都让人感到富有和浪漫。

或许是有史以来的第一次，金融工程让普通投资者相信自己打开了一扇通往财富的大门。但与此同时，他们也打开了一扇通往混乱和错误的大门，这些混乱和错误充斥着普通投资者的大脑。

1720年以前的南海公司很稳定，正是牛顿这种78岁老年人的理想投资对象。这项投资没什么乐趣，但容易赚钱，也很容易让人理解钱是怎么赚来的。投资者意识到，在南美的贸易垄断并不值钱，股票价格也反映了这一事实。但仍然存在一种微弱的可能，那就是如果发生一些重大事件，使英国与西班牙的关系回暖，那么南美贸易垄断就可能会变得非常有价值。事实上，1720年的确发生了一系列事件，南海公司的股票变得非常值钱，尽管这些事件与南海和西班牙没有什么关系。

投资者一直在思考风险的概念，思考自己会承担多少风险。没有人知道你最多能承担多少风险，因为这因人而异。有观点认为，随着投资期限缩短，投资者承担的风险也会降低。这个观点虽然正确，但太过模糊，不能提供多少帮助。考虑风险的一种有效方法是比较容忍度和能力，容忍度指投资者愿意承担的风险程度，能力指投资者能够承担的风险程度。这是两个截然不同的概念，我们最常想到的概念是容忍度。容忍度的关键在于，这是我们在最焦虑的时候，也就是在熊市或崩盘的时候，所能承受的风险水平。最容易影响容忍度的因素不是市场下跌程度，而是投资者对下文将要提到的行为偏差的易感程度。

所以，在定义自己的风险容忍度之前，请先查看这本书后面的行为偏差清单，回答那里提出的问题。你会屈从于行为偏差吗？程度是多少？先分析你在投资生涯中的经历，回答你能承受多大风险，下一步再诚实地检查你对这些行为偏差的易感程度。如果你摆脱了行为偏差的影响，你就能承担更多的风险，不会因熊市的压力而毁掉自己的投资成果。如果你深受行为偏差之害，你承担的风险应该就会更少，避免落得损失惨重之类的下场，因为行为偏差可能严重损害投资成果。

其中一个例子是损失规避。如果你有不服输的精神，不在价格最低时抛售所有资产，你就能避免损失规避的行为偏差，拥有适合你风险承受能力的投资组合。但如果你无法约束自己，忍不住低价卖出，你就该调整自己承担的风险水平，这样才不太可能出现认输的心态。处置效应也是如此。如果你倾向卖掉升值的投资产品，只是为了情况变坏时心里舒服一些，你就应该减少自己承担的风险。我们很快就能了解更多关于这两种行为偏差的信息。

同许多新奇的金融发明一样，从非流通债务到流通股票的转换十分有效。1720年，英国政府将公共债务转换为私人股份的做法发挥到了极致。当年1月，英国议会开始考虑更大规模的债务转换。这次的债务总额约3100万英镑，是英国政府剩余未清偿债务中的大部分，议会允许南海公司出售额外股票以换取现金，用于偿还现有债务。这样做的后果是降低了每股的利率，但南海公司承诺将使用额外的现金进一步提高收益。这有利于公司发展，同时也很有必要。

1720年，英格兰银行还是一家公有股份公司。当时，英格兰银行负责英国政府和其他银行的金融事务，但还不是英国的中央银行，在1946年以前仍在政府控制之外。看到南海公司的债务转换如此有利可图之后，英格兰银行决定争夺债务转换权。这意味着南海公司需要出售额外的股份以获取现金，要支付价值750万英镑的特许经营权，还要为了赢得合同出钱贿赂。大量现金股票落入了政府人员和国会议员的口袋，整个南海公司的面貌也因此改变，变得卑鄙和鲁莽。

在英国议会讨论债务转换问题时，南海公司的董事和客户也在吹捧南海公司的股票。他们散布谣言说，英国和西班牙的关系正在改善，西班牙国王菲力普五世想用西班牙在南美西海岸的港口，换取直布罗陀港和地中海梅诺卡岛的马翁港，这两个港口在西班牙王位继承战争期间被英国攻占。还有一些谣言说，西班牙要取消英国商船前往南美的次数限制和税款，很快"银子就会变成一堆废铁"。这些谣言听上去极其诱人，但可信度不高。

1719年年末，南海公司的股票价格为126英镑，牛顿将自己净资产的40%投资于该公司。1720年2月，南海公司从议会获得了转换3100万英镑债务的初步授权，主要归功于该公司的巨额贿赂，当月公司股票收市价为179英镑。随着南海公司和政府之间的谈判走向尾声，该公司股价在3月份上涨了更多，3月末达到220英镑。4月7日，英国议会投票定案，该股收于320英镑。仅在74个交易日内，南海公司的股价就上涨了一倍多。显然，对该公司股票的估值不再取决于每股6英镑的年度股息，而是取决于与南美的贸易将增加的模糊希望。

议会通过最新债务转换计划之后，南海公司的股价上涨，成了许多伦敦小册子中频繁且大量出现的话题。1720年，小册子是投资者阶层的主要娱乐来源，像现代职业摔跤一样，小册子的乐趣大都来自竞争对手之间的对抗。毕竟，写小册子是为了能卖出去，而不是为了细致分析某家公司的情况。报纸常常客观报道股票价格，但小册子不同，小册子会表明具体倾向。有的小册子鼓吹南海公司的前景，试图确定它的高额价值，而有的小册子则质疑南海公司是否值得如此高的价值，并且认为除债务转换之外，南海公司其他的商业计划都太过模糊不清。当问及商业计划时，南海公司连最基本的内容都拒绝透露。

想要细致地定量分析南海公司1720年的股票价值是很难的，因为它的大部分数据都是处于未知状态。该公司不仅拒绝分享债务转换以外的计划，而且没有可供财务审查的基本框架。大量小册子只能采用各种各样的估值方法，这些方法与当今老练的投资者使用的估值方法非常相似。这种估值方法不足为奇。亚当·斯密3年后才出生，56年后才写完《国富论》(*The Wealth of Nations*)，这是第一部令人信服地分析了一国经济如何增长和繁荣的作品。即使在今天，专业人士还是经常为上市公司的价值争论不休——尽管几个世纪以来，他们一直在完善量化工具，把上市公司向股东发布的数据标准化。但在1720年，南海公司的实际价值的确无人知晓。

在这种情况下，具有确切详细计算的小册子最受投资者信任。《飞行邮报》(*Flying Post*)于1720年4月9日出版,模仿了一份严肃大报的风格,但《飞行邮报》是匿名出版的,只承认是由南海公司的一位"朋友"撰写的。这位"朋友"很可能是南海公司的支持者和股东,也可能是员工,甚至还可能是董事会成员。文章首先回顾了南海公司的财务状况,介绍了该公司打算转换的公共债务额以及即将收到和支付的利息额。文章语调相当积极。

然后,作者进一步论述道,既然有些人愿意支付300英镑,那么股票的价值就必然大于或等于300英镑。为了故意混淆价格和价值,作者还耍了一些金融花招,声称股票的价值高达每股448英镑。他的分析错综复杂,但并没有提到,只有忽略原始股东以及他们每年每股应得6英镑利息的要求时,上述论证才合理。就这样,整个企业就像是现代的庞氏骗局。只有无视之前的所有人,才能真正获利。

文章如此分析的依据是,剩余现金将积累到公司,留在公司的账户中。这个结论十分惊人,在交易巷的咖啡馆里引发了热烈讨论,人们把此结论与那些提供估值煽动闹剧的小册子所得出的结论做了比较。牛顿肯定听说过这些议论,也读过一些持对立观点的小册子。

一只股票值多少钱?这真是个值得思考的问题。1720年,交易巷的每个人都在预测南海公司股票的未来价值。要知道当时的股价很容易,要知道现在的股价更容易,但要知道长期的基本股价就没那么容易了。

有人说，计算长期股价最好的方法是将每股股票未来股息和后续出售所得现金进行求和。未来收到的现金需要贴现才能反映货币的时间价值（现在手头的 100 美元比明年才能到手的 100 美元更值钱，因为如果没有特殊情况，你可以把手头的 100 美元存到银行中赚取利息）。但想要在未来收到钱，投资者现在就需要投资，即使未来收到钱的确切时间并不确定，上述方法也算有效。如果可以知道公司向股东返还现金的确切时间，上述方法就是一种很好的方法。不过使用这种方法仍然要做一些假设。例如，返还现金时的利率是多少？明年 100 美元就会随着利率的上升而贬值，但如果我们现在手头有钱，我们本可以赚更多钱。不过，要确切知道未来返还现金的金额和时间是很难的——当然也包括最终出售股票的时间。

评估股票价值的常用方法是比较市价与每年盈利。市价与每年盈利的比率反映的是公司从每股已发行股票中获得的利润，而不是公司向股东支付的款项。每年盈利上涨表明买家预计收益会增长，但有时对增长的预期会高于实际。没人能保证公司在可预见的未来会继续保持当前盈利。估计未来两三年的盈利已经很困难了，认定未来 20 年盈利不会下降就更愚蠢了。

大概评估南海公司股票价值的最佳方式就是将每年 6 英镑的利息视为永久年金。如果投资者满意 6% 的年返还率，每只股票的价值就是 100 英镑。如果投资者想要 10% 的年返还率，每只股票的价值就是 60 英镑。只有当他愿意永远接受 2% 的年返还率时，300 英镑才够合理。1720 年 4 月 14 日，南海公司想利用

《飞行邮报》小册子引起的热度来提高整个企业的社会关注度，便尝试了一套议会月初刚刚批准的最新方案：允许投资者分期付款购买股票的认购活动。在此之前，投资者购买股票时需全额付款。现在，投资者只需支付 60 英镑的首付款，每隔一个月再支付 30 英镑，就可以购买价值 300 英镑（在《飞行邮报》小册子中第一个假设的价格恰好是这次认购期间的定价，这可能并非巧合）的股票，直到付清。南海公司总共发行了价值 200 万英镑的股票，一个小时内就卖光了。

在这种需求的推动下，南海公司的股价再次飙升。第二轮认购发出后，股价继续上涨。这时，牛顿决定放松一下。4 月 19 日，他出售了大约 30 股南海股票，每股 300~320 英镑，总计近 1 万英镑。

在 1720 年 4 月 21 日举行的南海公司投资者会议上，与会者听到了关于公司计划的含糊陈述。商业发展策略至关重要，因为每年每股支付 6 英镑的传统做法无法证明公司在市场上的要价是合理的。

我们不知道牛顿在 21 日的会议上听到了什么，但我们知道南海公司没有分享详细的商业计划，因为该公司从来都没有分享过。两天后，牛顿决定以每股 350 英镑的价格出售大部分，甚至全部剩余股份。他可能是认为股票价格过高，也可能只是觉得这对一个单身老头来说已经足够了。

牛顿就是一个处置效应的例子，即投资者倾向于出售投资组合中升值的股票，而保留那些令人失望或贬值的股票。这种效应是人类的一大特性，我们渴望体验投资获利的快乐，延缓投资亏损的遗憾。除非出售股票，我们无法获得最大程度的快乐。在最近的一项试验中，被试者要在核磁共振扫描仪中交易股票，该扫描仪使用强磁场和无线电波来测量和绘制大脑活动。当被试者为了获利而出售股票时，其纹状体（大脑底部的一簇神经元，在社交环境中获得奖励时被激活）的活动激增，他会感到愉快。如果被试者的股票价格上涨，但决定不出售股票，其纹状体的活动就不会激增。这也解释了另一项研究发现，个人投资者在买入股票后，他们在股价上涨时卖出的可能性是股价下跌时的 2.8 倍。尽管事先告知每个投资者要减少损失、保留升值股票，这种情况还是会发生。

另外，意识到损失而后悔的痛苦甚至比意识到赢利的快乐还要严重。这种痛苦与快乐之间的不对等导致我们忽视别人的建议，反而保留贬值股票，出售升值股票。虽然处置效应看起来很容易识别和纠正，但其实并非如此。而且，它不是新手投资者所特有的。职业基金经理也会受到影响，新经理接手现有基金时，往往会比前任经理更快地卖出贬值的股票。这可能是因为，新经理在出售前任经理的贬值股票时不会感到后悔。

牛顿和其他投资者屈从于处置效应，出售升值股票，保留贬值股票，潜意识地认为投资回报会回归均值。这似乎有点道理，因为从 1719 年年底到 1720 年 4 月中旬，南海公司的股价翻了一番，投资者可能认为自己很清醒、很自律，避免了贪婪造成的有害影响。但就算股市仅小幅上涨，投资者也会频繁出售升值股票，而非贬值股票。

2021年开展的一项研究调查了2001年至2015年近10万名德国个人投资者的投资情况。研究人员发现，这些投资者"在萧条时期获得收益的可能性比在繁荣时期高出25%"。如果投资者只是想避免贪婪，那么按理说，随着价格上涨，处置效应的行为应当增加。但事实相反，处置效应的行为随着价格下跌而增加。因为投资者看到自己投资组合的价值缩水，便希望听到一些好消息，唯一的方法就是在升值股票对自己投资组合的整体状况变得更重要时把它们卖掉。

对个人投资者来说，除大脑中化学物质的作用外，还有其他因素也促成了处置效应。社交互动就是其中的一种促成因素，比如发生在交易巷咖啡馆的社交互动。如今，有些社交网络用户关注投资和交易，他们表现出的处置效应与其社交网络中的其他用户密切相关，比那些不属于类似社交网络的投资者表现得更为明显。在某些情况下，社交网络成员的处置效应行为会翻倍。在当今社会，一些住得很近的个人投资者也表现出了彼此相关的处置效应。

涉及投资和交易的社交互动自然会增加投资者的数量，但这又是如何促成处置效应的呢？这很可能是因为我们想要获得成功，获得更多利润，想要提高自己在他人口中的声誉，向社交媒体上的熟人和身边的邻居吹嘘。这也让我们更不愿意接受损失，因为我们不想把失败告诉别人。

处置效应看上去似乎只是一种有意思的怪癖，但能对长期的投资结果造成毁灭性影响。一项对1987年至1993年10000个经纪账户的研究发现，这些投资者更有可能卖出升值股票，而不是贬值股票。在接下来的一年里，他们卖出的股票比持有的股票走势更好，收益率高出3.4%。还有一项研究调查了1984年至1989年牛市期间日本个人投资者的情况。其结果更为鲜明，投资者抛售的股票的收益率比买进的股票的收益率高出38.2%。处置效应不仅会让投资者耗费金钱，更糟糕的是，还会增加投资者必须支付的税款。投资者需要为出售升值股票的利润部分支付资本利得税，却又白白浪费掉了出售贬值股票时的税务减免机会。

对于那些期望投资回报回归均值的投资者来说，在其最终持有的投资组合中，很可能大部分都是贬值股票，幸存的少数升值股票也可能迟早卖出。我们很容易受处置效应的影响，尤其是当我们将其美化为拒绝贪婪的自律时。但处置效应本身就是贪婪的一种表现，这种贪婪的欲望刺激我们大脑中的神经元，让我们只在屈从于处置效应，卖掉升值股票时感觉良好。

我们为什么不学习去做出正确投资呢？一般来说，我们进行多次试验，接受即时反馈时，学习效果最好。最典型的例子是学习骑自行车。我们可以在一下午的练习中进行很多次尝试，重力也给予了即时反馈。许多人给出这样的类比：做出正确投资更像是选择配偶或职业道路，而不是骑自行车；你的尝试次数不会很多，而且几十年后才能得到有意义的反馈。此外，虽然我们知道现持股票的走势如何，但我们很少追踪已出售股票的近期动向，思考如果不出售该股票将会得到怎样的结果。

避免处置效应造成收益损失的最好方法是认识到处置效应是一种情绪反应,而不是逻辑反应或经济反应。另一种方法是牢记成功投资关注的是未来将要发生的事,而处置效应关注的是过去发生了的事。下面我们也会了解到,股票市场今天的情况对明天的走势没有任何影响。

到1720年5月的第一周,牛顿已经卖掉了他所有的南海公司股份——这些股份是前几年以100英镑左右的价格购得的。他所获利润总额超过2万英镑,大约相当于今天的2000万美元。

牛顿卖掉了自己南海公司的股票,获得了可观的利润,并将收益投资于政府债券,这对一个老人来说的确是明智的选择。不过,该公司后来推出了额外的认购计划,其股价也继续攀升,5月底达到了400英镑。

1720年6月初,南海公司宣告了第三次认购活动,预计在6月底开展。这次认购活动的规则最为过分,每只股票售价1000英镑,首付款为100英镑,共分期5年支付。

在6月的第二周,南海公司的股价从530英镑飙升到了595英镑,再到720英镑,再到750英镑。牛顿应该知道每一次涨价的消息,到处都在谈论南海公司。一个荷兰人从伦敦回家后说:"南海公司总是带来奇迹。在英国,人们谈论的唯一话题就是这家公司的股票,在这么短的时间内为这么多人创造了巨额财富。"爱尔兰讽刺作家乔纳森·斯威夫特(Jonathan Swift)写道:"我问过一些从伦敦来的人,他们信奉什么?他们告诉我,他们信奉南海公司股票。英国的政策是什么?南海公司股票。贸易是什么?

南海公司股票。商业是什么？还是南海公司股票。"牛顿肯定都听说过。

行骗者也在这场狂热中看到了机会，吸引投资者的新企业数量激增。这些新企业都很可疑，其中大多数可能从一开始就存在欺诈行为，但他们还是利用了南海公司股价攀升所引发的非理性亢奋情绪。这些公司作为一个整体，我们可以恰当地称为"泡沫公司"或简称为"泡沫"。1720年5月7日，在南海公司股价达到最高点之前，伦敦报纸《每周信息包》（*Weekly Packet*）指出："许多投资项目都荒谬又不切实际，很难分辨是那些无耻地提出项目的人更离谱，还是那些愚蠢的投资者更离谱。"

在1720年，1月只有5家新公司成立，2月就有23家新公司成立，到了6月，南海公司热潮达到顶峰，新成立的公司多达87家，这真是令人震惊。其中一家新公司向投资者承诺将通过买卖头发赚钱，另一家公司打算从铅中提取银，有的公司承诺要利用永动机获利，赚取大约100万英镑，还有公司声称自己可以治愈性病。伦敦的一位发明家兼律师詹姆斯·帕克（James Puckle）为自己的"防卫枪"筹集了资金，这是一种早期的机关枪。这种武器的独特之处在于，它可以向基督徒发射圆形子弹，向穆斯林发射更为致命的方形子弹。

其中，最大胆的一位企业家声称要"开展一项具有巨大优势的项目，但没有人知道具体是什么"。苏格兰记者查尔斯·麦凯（Charles Mackay）在1841年出版的《人类愚昧疯狂趣史》（*Memoirs of Extraordinary Popular Delusions and the Madness of*

Crowds）中提到，在发布通知后的第二天，这位企业家在康希尔街开设了一间办公室，与咖啡馆并排。他以认购的方式提供每股100英镑的股票，保证每年派发100英镑股息，这简直难以置信。首期付款只需2英镑，余款一个月后付清。在办公室开放的5小时内，他就卖出了1000股认购，赚取了2000英镑保证金。当天晚上，这位企业家就逃到了欧洲，销声匿迹。

1720年成立的泡沫企业共有190家，只有4家坚持了几个星期。这种模式在1999年的互联网泡沫中再次出现，我们将在下一章讨论。

南海公司股票发行方面临的问题是，这些泡沫公司转移走了本该属于南海公司的注意力和投资者。如果2000英镑被偷盗到欧洲，这笔钱就不能拿来购买南海公司股票。同样，投资永动机的100万英镑也无法进入南海公司的金库。1720年6月初，国会提出了一项法案，禁止成立泡沫公司，该"泡沫法案"立即通过。从6月9日开始，成立任何新公司都需要获得国会批准。此外，国会不允许现有公司超出特许经营许可范围，而所有泡沫公司都超出了允许的经营范围。至此，南海公司又一次成为唯一的赢家，其股价在接下来的6天里上涨了50%。

看到这次反弹时，牛顿再也不能无所作为了，而这就是凯恩斯提出的"动物精神"。他的判断力被情绪左右，决定回购股票，因为他关注了最近的股价走势，推断股价还会上涨。通常情况下，投资者能做的最好的事情就是什么都不做，然而牛顿的情绪已经失控，无法再袖手旁观。南海公司的一名前出纳人员后来为自己的欺诈指控辩护时说,在购买南海公司和泡沫公司股票的人当中,尽管许多人"根本不相信这些项目,他们还是会购买。因为对他们来说,只要能在人满为患的交易巷里把认购的股票卖给比他们更容易上当受骗的人,自己能很快获得收益,这就足够了"。牛顿看到股价上涨,后悔卖得太早,可能也是这种心理。后悔是一种十分强烈的情绪,对投资者来说尤为如此。

之前,牛顿可能认为南海公司股票的估值过高。毕竟就在两个月前,他以很低的价格卖掉了所有的资产。现在,他肯定相信价格还会进一步上涨,因为他忽略了南海公司股票的长期收益——每年6英镑的利息,如果以770英镑购买该股票,永久年收益率才不到0.8%。

1720年6月14日,牛顿出售了4月和5月抛售南海公司股票换取的政府债券,然后花了26000英镑买回了南海公司股票,这笔钱占据了他流动资产的大部分。6月15日,南海公司股价为750英镑,牛顿应支付每股约770英镑,是9周前的两倍,比前一周高出45%。

这就是为什么我们知道牛顿并不是因为自律才卖掉所有南海公司股票,他并不够理性。如果自制力和独立分析促使他在5月份抛售股票,他可能不会相信这种狂热现象,而是确信股价的真实价值不会在不到一个月的时间里翻倍。他会确信市场价格和股票的长期价值已经分道扬镳,这种情况时常出现。但事实与此相反,牛顿变成了糟糕的投机者,而非投资者,他害怕错过——这也被称为"错失恐惧",这是数百万交易员的说法。300年后,他们会带着一些"互联网模因股票",如游戏驿站(GameStop)和 AMC 院线,踏上类似的旅程。

牛顿起初觉得自己做得很好。在他购买后不久,南海公司的账簿关闭,销售暂停,以求对账并支付给股东应得利息。一周后,销售重新开始,压抑的需求和第三次订购产生的狂热把价格推到了 950 英镑。看起来牛顿做了正确的决定,他决定继续购买。

此时,南海公司的总市值(即流通股数量乘以每股价格)是英国国内生产总值的 5 倍。今天,美国所有上市公司的总市值还不到美国国内生产总值的两倍。购买南海公司股票的人都不觉得这是一笔便宜买卖。要证明当前估值的合理性根本不可能,唯一合理的投资点是,相信明天会有更蠢的人出现。

牛顿对自己的投资头脑过于自信,最终付出了惨痛的代价,这种事也经常发生在如今的投资者身上。过度自信在投资方面波及甚广。我们知道什么、能做什么,我们分析信息的方式、在随机中辨别模式的能力,以及未来是什么样子……对于以上种种,我们往往都过于自信。简而言之,一旦有问题涉及人类所特有的东西,不管是简单的、深奥的,还是我们能力范围之外的,我们都过于自信。

举一个简单的例子,根据平均水平的定义,只有一半美国司机的驾驶水平高于平均水平,然而认为自己高于平均水平的司机却有 80%。司机对自己的能力过于自信,但道路上发生的许多事情是不可控的。而且,就连那些自认为水平普通的司机也会觉得自己比大多数人更不容易发生事故。这些司机也过于自信，但不是对自己的驾驶水平自信，而是对自己在旅途中的运气更自信。这种关乎运气和免于事故的自我欺骗很大程度上是高估了自己对命运的掌控能力。就算你是世界上最好的司机，你还是可能会碰上其他喝醉酒的司机（他可能认为自己的开车技术高于平均水平），他可能会越过道路中心线而撞上迎面的车辆。

这种掌控命运的错觉在人们小时候就存在了，幼儿园中的孩子在玩运气游戏时就会表现出这种错觉。虽然这种错觉会随着年龄增长逐渐减弱，但从未完全消失。因此，许多大学生认为，自己在50岁前患癌症或心脏病的可能性比室友小。这种错觉还会让新晋父母高估自己的孩子是天才的可能性，也让我们低估自己成为案件受害者的可能性。实际上，我们控制这些结果的能力受到许多因素的限制，包括基因和运气。

这种认为自己比大多数人更能趋利避害的错觉在以下情况中尤为明显：①强烈渴望某一特定结果；②成功的可能性很高；③自认为事情尽在掌握，即使事实并非如此。这种错觉会影响我们对成功可能性的预测。许多人相信，知道以前的中奖号码能够帮助自己下周选到中奖号码，自己选择号码也比让别人随机选更有可能中奖。即使以前的中奖号码没有参考价值，赌场还是会予以公布。这绝非巧合，因为赌场知道，掌握这些信息会让玩家过于自信，下更大的赌注。处理金钱问题时，我们的弱点和心理怪癖会暴露出来，进一步增强了原有的过度自信。

投资时过度自信原本只是另一种行为怪癖，但考虑到过度自信会对投资结果造成持续性危害,就像牛顿的例子一样,过度自信就不单单是怪癖这么简单了。

许多人都不觉得成功投资很简单(其实找对方法就不会那么难),但心理学家告诉我们,任务越复杂,人们过度自信的程度就越高。这是反直觉的,投资者很容易放松警惕,任由过度自信肆意蔓延。之所以出现这种讽刺性的现象,是因为我们进行了反复尝试(学习的本质),经历并记住了各种各样可能出错的方式。

研究人员告诉我们,有两个专业群体的自信与实际能力相当匹配,那就是气象学家和赛马手。他们都常遇到一些变数不大的问题,每次试验都能产生客观可测的结果,反馈既迅速又具体。赛马手只需几分钟就能知道自己的马是否会获胜,气象学家只需几小时就能知道是否会真的会下雨。造成过度自信的原因正是缺乏经验、即时反馈和客观可测的结果。所以投资的真实情况是这样的:优秀的投资者很少交易;反馈需要数年时间;"成功"的衡量标准很主观,涉及整体市场回报、投资目标以及需要这笔钱的时间。投资不存在非黑即白的结果,因此学习投资十分困难。

在这种情况下,我们就很容易欺骗自己,认为自己做得比实际更好。其中一种形式就是后视偏差,即相信过去的事件比实际更容易预测。因此,我们开始相信,未来的结果对我们现在来说也是显而易见的,但事实并非如此。

1987年10月19日,道琼斯指数暴跌22.6%,这是美国股市有史以来最糟糕的一天。股市收盘后几个小时,耶鲁大学经济学家、后来的诺贝尔经济学奖得主罗伯特·希勒(Robert Shiller)

向 3250 名投资者邮寄了一份调查报告。他总共收到了 991 份回复，其中许多投资者确信自己预见到了股市崩盘。当问及他们是如何预见的，许多人的回答是"第六感"，但是他们客观可测的交易却无法证实他们的回答。股市崩盘来得太过突然，事后回想，又觉得引发崩盘的线索过于明显，所以参与调查的投资者相信自己已经预测到，或凭借第六感感觉到了危机的到来。希勒的调查证明投资者在欺骗自己。这种后视偏差真正的危险之处是增加了投资者过度自信的程度，他们错误地相信自己能够预见未来，避开下一次崩盘或熊市。

后视偏差是复杂任务引起过度自信的另一个原因。例如，一段婚姻失败时，人们回想起来似乎也觉得自然而然，因为他们婚姻持续的时间虽然很长，却是一个单调的过程。学自行车时的失败则不同，这些失败又多又杂，既短暂独立，又不可预测，有时还会相互冲突。

过度自信对投资收益的危害还体现在哪里呢？一方面，过度自信让投资者倾向于持有风险更高的投资组合，因为他们认为自己能够正确地解读市场走势，结果高估了自己在价格下跌前收手的能力。这样看来，他们跟希勒 1987 年调查中的投资者类似，让后视偏差蒙蔽了自己，以为自己能看到未来，尽管他们甚至都无法准确记起前不久发生的事。

处置效应和后视偏差助长了过度自信，从而削减了投资收益。其中危害性最大的一种自信（也是牛顿犯的几种错误之一）就是过度交易。如果你觉得一只股票值 100 美元，但交易价格只有 50 美元，你就愿意购买；如果你对自己的能力过于自信，你就会更加确定这只股票值 100 美元，就可能会购买更多。因为过度自信，你做了更多交易，承担了更多风险。

过度自信的投资者有什么特点？最明显的一点是性别。心理学家发现，男性和女性都会表现出过度自信，但男性过度自信的程度往往高于女性。在那些体现男子气概的活动中，这种差异更大。对许多男性来说，投资也是一种体现男子气概的活动。一项调查分析了 1991 年 2 月到 1997 年 1 月在一家大型折扣经纪公司开设账户的 3.5 万户家庭，结果显示，男性的交易额比女性多出 45%。这种过度交易导致男性的投资表现比女性落后近 1%（例如，7% 的年回报率对 8% 的年回报率）。

如果说男性很过度自信，那单身男性就更过度自信了。一项相关研究发现，单身男性的交易额比单身女性多 67%，所得年投资回报率比单身女性低 3.5%。假设一个投资组合价值 10 万美元，根据平均历史回报率，在 20 年后这种男女差异将产生 187990 美元的差价。

意识到性别对过度自信和过度交易的影响是迈向成功投资的重要一步。有什么情况可以抑制投资者过度自信呢？其中一种就是赔钱。从承担的相对风险来看，那些获得了可观回报的投资者自信程度有所增加，而那些最近经历了损失的投资者则更加厌恶风险。即便是那些没有真正赚到钱，只是骗自己获得了收益的人，他们所做的其实也只是卖掉了赚钱的股票，把赔钱的股票留在一团乱的投资组合里。

过度自信对投资收益的危害还体现在它扭曲了我们对风险的理解。过度自信的投资者会错误判断某些结果的可能性。他们坚信股价上涨是绝对会发生的，而股市崩盘是绝对不可能发生的（我们后面可以了解到，一些不太自信的投资者的想法恰恰相反，他们认为股市崩盘的可能性比实际更大）。在一项研究中，研究人员要求测试对象回答一系列关于历史、音乐、地理、自然和文学等主题的填空问题。在给出答案之后，测试对象需要选择一个从 0.00（答案绝对错误）到 1.00（答案绝对正确）的数字来估计自己答案的正确概率。对答案的估计值为 1.00，就表示测试对象对自己的答案百分之百确定，没有任何怀疑的余地，但这些估计值为 1.00 的答案中却有 16.9% 是错误的。正如 18 世纪法国哲学家伏尔泰所说："不确定性是一种不舒服的状态，但确定性是一种荒谬的状态。"

在 1720 年 6 月中旬回购股票之后，牛顿仍然没有停止购买。8 月 24 日，南海公司推出了第四次认购活动，也是最后一次。每股的价格还是 1000 英镑，但投资者必须先支付 200 英镑，之后每六个月支付 200 英镑，直到全部付清。目前的股价几乎是一年前的 10 倍，但管理层还是没有提供任何商业细节，没有说明公司将如何转变，以实现此次股票估值超过之前巨额债务转换的价值。尽管如此，牛顿还是认购了 5 股，总计 5000 英镑——这是个人认购的上限。这时，他很可能已经投入了自己绝大部分，甚至几乎是全部的流动资产。

与之前大多数认购活动一样，此次认购活动也超额完成，投资者对股票的需求量超过了供应量。没有买到股票的投资者开始抱怨该公司的董事，觉得他们偏袒那些有权有势的配股买家——280年后，利润丰厚的首次公开募股股票也遭遇了同样的指控。

按照现代经济学家的看法，牛顿是一名"噪声交易者"。他之所以投资交易，并不是因为他对公司前景进行了基本分析，而出于自己的自信，或者说过度自信。仅凭近期情况，他就自信地推测股价在未来会继续攀升。

认购活动的一个关键点是，它不仅推动了投资者购买股票，还极大提高了纯粹投机者的热情。在开展认购活动之前，投机者可能会购买自己觉得能够升值的股票，但和其他投资者一样，他必须全额支付。如果从4月到7月，股价从300英镑涨到了900英镑，那么投机者的钱就能翻3倍。然而，如果投机者在4月只支付了60英镑作为认购的首期付款，在6月支付了30英镑作为第二次付款，那么当价格在7月达到900英镑时，"收据"，即显示了他已支付的价钱，保证了他有选择继续支付并最终获得一只完整股票的权利的合同，表明他的利润高达690英镑（股票价值900英镑减去未付清的210英镑，不过对方很可能会给利润打个小折扣）。投机者赚的钱不是投资额的两倍，而是大约7倍。如果投资者在4月和6月分期付款，随后股价下跌，他就可以拒绝后续付款，获得已经支付的部分股票，这一公司举动出人意料。第一次认购并不是以300英镑购买全部股票的协定，而是一种期权。这是一种购买股票的期权，我们将其称为看涨期权。南海公司提供的看涨期权产生了巨大的杠杆作用，因此受到了投机者的欢迎。

这时，牛顿也在投机，他所做的当然不能称为投资。投资是在有风险的情况下，用资金追求收益，因为投资者知道，在给定的时间范围内，这笔交易的潜在收益将大于风险。相反，投机则是用资金追逐风险，捕捉短期价格变化。投机者是赌徒，而投资者是赌场。

期权合约导致大宗商品价格飙升，这并不是第一次发生了。1637年，荷兰也发生过同样的事情，当时荷兰人对郁金香的喜爱和对郁金香球茎交易的迷恋引发了新的价格投机方式。之前，购买郁金香球茎的荷兰买家总是当下同意购买，在未来的某个时间付款，但这种应约只是一种义务。从1636年11月开始，一些商人开始协商期权：在未来以商定价格购买球茎的权利，而不是义务。潜在买家只需支付购买价格的3%，自己无须承担任何额外风险。结果，郁金香球茎投机狂潮爆发，价格在接下来的三个月里上涨了20倍。如今的期权对于投资者来说是一个很好的工具。但是，期权一旦激发出我们最糟糕的投机冲动，就会促进经济泡沫，从而破坏经济。

每位新投资者都助长了交易巷的社会风气，推高了价格。即使是专业投资者，他们一开始购买某只股票的动机，也是来源于与其他专业投资者的人际沟通。在另一项调查中，希勒教授发现，这种"利益传染"有助于解释机构投资者是如何意识到某些股票的不寻常的价格走势的。从本质上讲，"利益传染"是一种社交互动，1720年发生在交易巷咖啡馆中，20世纪末再次发生在互联网聊天室和社交媒体上。希勒称这些价格走势异常的股票为"繁荣"股票。南海公司自然也是一只繁荣股票。

牛顿的购买活动一直持续到 7 月，支付的价格接近最高价。在南海公司重新公开账目、恢复销售后的第三天，其股价为 950 英镑。这是南海公司股价的峰值，但牛顿仍然在继续购买，并在最后一次认购活动中达到了最大限购额。结果到了 8 月，南海公司股价跌至 800 英镑。

正如一句投资谚语所提醒的，"没人能知晓价格的最高点"，所以人们不可能知道什么时候是卖出的最佳时机，也不可能知道为什么南海泡沫最终破裂。讽刺的是，很多人怀疑这是由禁止其他泡沫公司竞争的《泡沫法案》（*Bubble Act*）造成的。该法案不仅取缔了超出特许经营许可范围的公司，还授予了政府签发令状的权力，迫使各个公司拿出不应被取缔的理由。这种严厉措施吓坏了投资者，他们惊慌失措，以低价抛售泡沫公司股票。许多投资者甚至被迫抛售南海公司的股票，以弥补自己在其他泡沫公司上的损失。

人们太讨厌亏损了，在熊市期间亏损的可能性扭曲了人们的思维，就像南海公司股票刚刚进入熊市时一样。赔钱的痛苦比赚钱的快乐对我们的影响更大。

保罗·萨缪尔森（Paul Samuelson）是第一个获得诺贝尔经济学奖的美国人。过去，亚当·斯密和凯恩斯所发展的经济学考虑了人类利他主义、不合逻辑的缺陷和动物精神，而萨缪尔森则将其进一步改进，试图模仿物理学的数学严谨性，不过他却忽略了经济学的核心,那就是研究人类如何处理金钱。

大约在 1960 年,萨缪尔森在麻省理工学院与几位同事共进午餐,时年 32 岁的萨缪尔森已成为麻省理工学院的经济学教授。萨缪尔森跟这些经济学家打了一个有趣的赌。每位同事抛掷一枚均匀的硬币,猜测结果为正面还是反面。如果他们猜对了,萨缪尔森就会给他们 200 美元;如果他们猜错了,就要给萨缪尔森 100 美元。这不是个小数目,当时的 100 美元相当于今天的 900 美元。但是,对结果的预测完全由同事们说了算,而且,对身为麻省理工学院教授的他们来说,掏出 100 美元也不算什么难事。萨缪尔森向一位他称为"杰出学者"的教授打赌时,这位教授却拒绝了他,解释道:"我想不赌,因为我觉得 100 美元的损失比 200 美元的收益更多。"

萨缪尔森主张经济学中的数学精确,他用上述例子说明了一种不合逻辑的、情绪化的低效:比起赚钱,人们更愿意不赔钱。但萨缪尔森偶然发现了潜在收益和潜在损失之间的有趣比率。后续研究表明,要求人们进行类似的抛硬币游戏时,如果猜错要损失 100 美元的话,只有猜对能赢得 200~250 美元时,大多数人才会同意玩游戏。换句话说,大多数人讨厌输的程度是喜欢赢的程度的两倍,即使赌注相对较小。

这种程度不对等的现象被称为损失规避,这是可以理解的。我们拥有的钱越多,每一美元的效用就会越低;我们拥有的钱越少,损失每一美元的伤害性就越大。例如,一笔 100 万美元的意外之财会改变一个贫困家庭(或者大多数美国家庭)的生活,但对于一个亿万富翁来说，它就没有太大意义。反过来事情又有所不同，再次损失一美元比前一次损失一美元的伤害更大。假设一个拥有 100 万美元的家庭损失了 10 万美元，当再次损失 10 万美元时他们感受到的痛苦会更严重，这种痛苦也会随着之后的每一次损失而加重。失去第 10 个 10 万美元，也就是最后的 10 万美元时，他们会感到前所未有的痛苦。

如果你不相信每一美元的效用会随着财富的增加而变化，问问自己会做出以下何种选择：10 亿美元的礼物，还是一次抛硬币的机会——如果正面向上可以赢得 40 亿美元，如果反面向上就什么也得不到。几乎每个人都会选择第一个选项，即使其统计价值只有第二个选项的一半。为什么大多数人会做出"次优"选择呢？因为一旦你拥有了最初的 10 亿美元，之后每个 10 亿美元的效用都会显著下降。

损失规避让投资者损失惨重。它可能会让我们避免进行获利概率对我们有利的合理投机，比如萨缪尔森的实验，也可能会让我们避免进行有利可图的投资，比如长期的股市投资。在某种程度上，接受确定性收益、不为更大利润而赌博的确具有经济意义，比如接受上面假设的 10 亿美元，但是股市从来不存在这样的情况。相反，投资是一系列成千上万的小决定，其中许多决定并不需要我们做什么，每一个单独的小决定都有很低的风险。当许多对损失的厌恶——我们对损失比对收益更敏感的倾向——混合在一起时，影响就变得明显，但当时我们并没有意识到这一点。

损失规避的倾向让投资者在市场下跌时抛售股票，因为他们已经损失了一些钱，痛苦会随着损失的增加而增加。更糟糕的是，许多受处置效应影响的人会卖掉表现较好、股价保持在购入价之上的股票，而不是卖出那些表现糟糕、应该被清算的股票。在这之后，投资者往往不会拿抛售股票所得的资金购买市场上的低价股票，而是将这些资金以现金形式闲置下来，因为对他们而言，进一步亏损的痛苦超过了获得相似收益的快乐。这种逢低卖出、拒绝买入的做法不仅会影响长期收益，有时还会形成自主强化的负反馈；价格下跌让投资者感到恐惧，他们更加规避损失，更有可能在下跌的下一阶段卖出，而不太可能买入，从而导致下跌势头更猛。然而，我们已经了解到，卖出的股票最终比大多数股票都表现得更好。传奇投资者彼得·林奇（Peter Lynch）总结得很好："用股票赚钱的关键是不要被吓跑。"

尽管经济学家认为我们能够保持完全理性，但亏损影响了我们对市场的分析，损害了我们理解市场的能力。我们的大脑不擅长以微妙的方式评估损失；我们看到红色的亏损数字就感到痛苦，不能将适度的损失和潜在的致命损失区别开来。只有当损失变得无法挽回、收支无法恢复平衡时，投资者的心态才会改变。在这种情况下，投资者会变得和赌徒一样，从寻求规避损失转变为寻求风险。

这种心理变化在赛马场的下注者身上得以体现。赛马场是绝妙的金融实验室，因为所有的赌金都是"派利分成法"，即"在赢家之间分成"，就像在股票市场一样，这与在赌场不同。此外，赛马场的风险可控，下注者的心情也很放松，每天可以获得好几次试验。赛马场上一直存在一种倾向，那就是下注者倾向给胜算低的马下高赌注，而给胜算高的马下低赌注。毕竟，赌博是一种寻求刺激的行为，在赔率为50比1的情况下给胜算低的马下注2美元，比在输赢机会均等的情况下给胜算高的马下注2美元获得的刺激更多。但这种刺激是有代价的。如果赌一匹赔率为100比1以上的马，每押1美元，平均回报是39美分；赌一匹胜率高的马，平均回报是95美分。大部分人会根据历史表现和赔率押注在胜算较低的马上，只有少部分人会押注在胜算高的马上，经济学家将这种倾向称为市场"无效率"。在下午看比赛的几个小时里，人们的这种心态可能会保持不变，但随着时间推移，资金不断减少（正是在胜算低的马身上下太多赌注的后果），这种倾向实际上会不断加深。在一天的最后两场比赛中，这种心态会突然加剧，在最后一场比赛中则更为普遍，输掉比赛的人会在胜算低的马上押更多钱，让自己陷得更深。在丧失所有希望时，我们就会完全抛弃损失规避的心态，选择最愚蠢的投资方式。

1720年9月，南海公司股价继续下跌。8日，股价自5月以来首次跌破700英镑，17日跌破500英镑，但牛顿还没有开始规避损失。相反，他仍过于自信，认为自己是对的，股价会反弹——就像前面提到的那些测试对象一样，他过于自信，认为自己答对了，出错的概率不超过百分之一。

牛顿可能在9月购买了更多股票，但我们无法确定，只知道他当时仍然看好公司前景，还作为4名受托人之一，两次购买了让朋友儿子受益的信托股票,第一次价格约为650英镑,第二次约为450英镑。南海公司9月底的收盘价仅为400英镑。之后,该公司股价继续下跌。到月底,南海公司的银行倒闭,被公司以股票为担保的贷款压垮。一位作家将南海公司股票的惨败归因于7月份的首轮下跌,这导致"大量股票持有者抛售股票。看到别人出售股票,自己也跟着抛售股票,于是股价不知不觉地下跌,最后所有的人都吓了一跳。这让投资者感到恐慌,害怕会有巨大混乱随之而来"。

股价的极端走势和急剧下跌几乎让交易巷里所有所谓的"南海人"都破产了。一位乡绅目睹了这一切,描述一位股票投机商说,他紧攥双手哀号:"我完蛋了!我完蛋了!"他周围的五六个人也没有安慰他,只是嘟囔着:"我也完了,我也完了。"11月,南海公司股价跌至185英镑,比7月公司重新上市后的峰值下跌了80%。这一年年初,南海公司的股价为128英镑。后来,其交易价格高达950英镑,最后两次认购以1000英镑售出。这一年年末,公司股价又跌落至200英镑。至于牛顿,他没有卖掉后来购买的任何股份。

采取行动的决定比不采取行动的决定更容易让人感到后悔,我们这位年老的投资者现在也正感到后悔。在熊市中,投资者面临的危险不是赔钱(这在某种程度上是不可避免的),而是随之而来的后悔,这会加深痛苦,让他们更难采取明智的行动。我们讨厌赔钱甚于喜欢赚钱,同样,我们也讨厌后悔甚于享受后悔的对立面——满足。萨缪尔森的同事应该接受抛硬币的赌注,即使输了也不该感到后悔，这说起来很容易，毕竟赔率是站在他这边的。但是他还是拒绝了，拒绝了获得50美元的统计优势，这不仅是为了避免后悔，更是为了避免亏钱是因自己决定接受萨缪尔森赌注的这一事实。

厌恶后悔的理论认为投资者会倾向选择后悔可能性低的决策。这不是为了避免亏损，而是为了避免后悔。例如，诉讼当事人会有计划地选择和解，不仅是因为存在收到不利裁决的风险，还因为和解能够消除他们对不利裁决感到后悔的可能性。

为什么在投资中，后悔会让人如此痛苦？原因之一就是后视偏差：之前不确定的东西现在看来却显而易见，我们怎么会愚蠢到没有预见到呢？投资者会努力避免这种感觉，即使有一些现成的逻辑步骤，如税收损失收割、抛售贬值股票并购入升值股票（处置效应的反面）、趁股票价格优惠时利用好闲置现金等，但他们还是选择什么都不做。如果你一开始就有一个搭配合理的投资组合，那么正确的做法的确可能是什么都不做，或者也可能是学习现有经验。有一件事是万万不能做的，那就是屈服于厌恶和羞耻，这可能会导致投资者因损失规避或现状偏好而在股价处于低谷时抛售股票。现状偏好是指人们倾向保持现状，这是一种不合逻辑的倾向，因为事实证明，做出改变是有益的。这种偏好在熊市中很常见，即使我们现在知道把握好市场的时机是不可能的，我们不可能始终在股价处于低谷时买入并在股价处于顶峰时卖出，但还是有办法提高投资收益。不过，市场时机正确的时候往往也是投资者最容易受到行为偏见严重影响的时候，这些行为偏见会毁掉他们的投资结果。

　　南海公司的股价每天公布两次，分别在中午和下午交易结束后。股价的频繁更新，以及利用这些信息买卖股票的自由，造成了一个矛盾的结果。知道很快就要更新价格，人们就很容易选择现在什么都不做。与其纠结现在可以采取什么行动，不如欺骗自己之后再采取行动。这就是现状偏好。现状偏好一直存在，因为抗拒改变是人性的一部分，即使改变会带来更好的结果。牛顿也屈服于现状偏好。

　　现状偏好并没有那么难以接受，但付出的代价高昂。例如，员工在面临更便宜、更全面的选择时，还是倾向坚持雇主赞助的现有医疗计划。花一点时间来比较现有选择和新的选择通常可以让他们获益更多。然而，很少有员工做任何分析，更别提严谨分析了。

　　现状偏好也是过去50年里各个企业犯错的原因之一。1985年4月，可口可乐公司99年来第一次宣布要重新构思其标志性的软饮料。可口可乐公司的首席执行官表示，该公司正试图"改变美国甜可乐的格局……"，他们正"冒着明智的风险"。毕竟15年来，可口可乐的市场份额一直在被较甜的百事可乐掠夺，而新的、更甜的可口可乐，也就是该公司后来推出的新可口可乐，在近20万消费者参与的盲品测试中，受到了大量青睐。可口可乐公司相信新可口可乐是公众真正想要的。但是消费者并不买账，其中包括一些实际上更喜欢新可口可乐的人。最后，可口可乐公司成了笑柄，受到众人嘲笑。有一位顾客认为这个决定太愚蠢了，便给首席执行官写了一封信，收件人为"可口可乐公司的首席渡渡鸟（译者注：渡渡鸟在英文中暗指笨人、蠢人）"。这时，推出新品的决定在公司内部也已经臭名昭著，所以邮件收发室真的把信送到了首席执行官的办公室。

可口可乐公司有问题需要解决，公司正在失去市场份额，也有一款"新"产品受到许多客户的青睐。那么，到底是哪里出了问题呢？问题就在于忽视了客户的现状偏好。消费者想要"老可乐"（后来称为"经典可口可乐"），因为他们讨厌变化，讨厌程度甚于对更美味可乐喜欢的程度。在投资方面，人们有时会对当前的投资组合产生一种非理性偏好，就算改变投资组合或做出其他选择可以让他们最终获得更多钱。

假如牛顿保留了年初时持有的股票，他的财务状况本该很好。事实上，他本可以获得超过50%的收益。随着1721年3月的到来，他面临着一个痛苦的决定。第二笔1000英镑的认购款项将于3月25日到期。他可以直接拒绝付款，那么权利就会失效，他将得不到任何股份（认购人必须支付第二次预定付款，才能获得他所支付的那部分股份；如果只付了一次，就会失去最初的定金）。他也可以继续付钱，寄希望于股价反弹，不过支付的价格将是目前公开市场价的5倍。或者，他还可以把股票打折卖给别人，至少能收回一部分投资。这最后一种选择正是他在1721年3月初到8月底所做的。我们不知道买家要求的折扣是多少，但这对牛顿来说肯定不舒服。我们知道，他在1721年或1722年上半年没有进行其他交易，在处置效应的影响下，他已经没有任何能出售的赢利股票，同时他也不愿意承认亏损，所以不想卖掉南海公司股票。1722年年中的某个时候，牛顿终于开始分散投资，卖掉了南海公司股票，在英格兰银行推出了认购方案后，转持英格兰银行股票。这些股份在1724年1月全部付清。

在整个投资过程中，牛顿损失了大约2万英镑，远超其1720年年初净资产的一半。后来一位朋友邀请他投资自己创办的公司，他对此十分反感，拒绝道："南海公司让我损失了很多，导致我口袋空空，头脑也开始讨厌思考这些事情。"有传言说，他曾告诉别人，他损失的钱太多了，甚至都不愿意听到"南海公司"这个词。然而这一切都是他咎由自取，他屈服于所有投资者都会受到的诱惑，尤其是在经济泡沫膨胀而又破灭的时候。

寻找替罪羊的做法很常见，这些事件中也总是存在坏角色。1720年12月，南海公司的董事被迫提供一份完整的"诉讼程序"。随着调查开展，公司员工和领导层在接下来的一年里被禁止离开英国。南海公司的固定资产无法转移，但财务主管奈特伪造身份，带着许多公司文件逃到了法国。人们认为他是畏罪潜逃，国王乔治一世（南海股价接近最高点时，曾有内部人士劝这位国王出售所持股票，但他拒绝了）当晚宣布关闭港口，以防肇事者再次逃跑。不过事情发展至此，投资者也有责任（图1–1）。

状态和情绪的作用十分强大，尽管保罗·萨缪尔森想让我们相信投资的数学严谨性，但说到底，投资还是一项人类活动。纽约证券交易所的上市股票在天气晴朗时比阴天时走势更好，一些

图 1-1　1719 年 9 月—1720 年 9 月南海公司股价

国家的股市在国家足球队取得重大胜利后的走势更好，在俄亥俄州立大学足球队获胜后的几天里人们会购买更多彩票……以上种种都是有原因的。

牛顿并不是唯一一个被卷入南海泡沫的人。他之前也有过一些古怪行为，因此他为了赚更多的钱而如此忘我地努力也就没什么值得惊讶的了。到 1720 年为止，他已经花了很长时间研究炼金术，寻找将铅等基本金属转化为黄金的化学方法。在当大学教师时，他的课出勤率很低，有时根本没有学生来上课，但他演讲时教室里却座无虚席。1689 年，他在国会任职一年，其间官方记录下来的唯一一句话是要求引座员把窗户关了。

无论如何，牛顿对南海公司不平凡的投资经历否定了"智力决定投资"的观念。牛顿的父亲是目不识丁的农民，在牛顿出生前三个月就去世了，牛顿是家中的独子。但这也并不影响牛顿死后安葬在威斯敏斯特教堂，英国著名诗人亚历山大·蒲柏（Alexander Pope）为他写了墓志铭，两百年后他还受到爱因斯坦的歌颂。事实上，牛顿可能是 1720 年世界上最聪明的人，也可能是有史以来最聪明的人。有人说他的真名是劳伦斯，也有人凭空猜测他姓詹姆斯，不过在过去和现在，他一直作为艾萨克·牛顿爵士（Sir Isaac Newton）为人熟知。他发明了微积分和万有引力公式。他发现光实际上是由很宽的波长范围组成的，每个波长代表光的一种组成颜色。他的《自然哲学的数学原理》（*Principia*）一书介绍了经典力学的基础，包括牛顿运动三定律。但问及他在南海泡沫中的经历时，这位著名的物理学家和数学家说道："我能计算出天体的运动，却无法计算出人们的疯狂。"

应当说牛顿爵士无法计算出"自己的疯狂"才更合适，在随波逐流时，他本可以更清晰地把握情况，本可以避免处置效应。接下来，我们将在其他泡沫和崩溃的背景下研究其他行为偏差。其中包括痴迷变革性企业的投资者，像很多人被南海公司的承诺吸引一样，他们坚信变革性企业可以引进新世界的财富，改变旧世界。

其他投资者之所以购买南海公司股票，是因为在考虑投资选择时，该公司是第一个想到的公司。一位观察人士说，南海公司的股票是伦敦唯一的话题。乔纳森·斯威夫特说，南海公司已经成为许多人的信仰。在下一章中，我们将了解一些公司如何在社会和投资者中广泛主导的话题。

1720年,许多投资者对南海公司的前景满怀期待。下面我们将看到,几个世纪后,这种现象是如何再次发生的。正如牛顿每次听到南海公司的名字都会感到反感一样,我们将看到,投资者在投资变革性企业失败后也会有同样的感受。

德国诗人、哲学家弗里德里希·席勒(Friedrich Schiller)首次提出这样一个观点:"每个人作为个体都相当明智和理性;作为群众的一员却马上成了一个傻瓜。"在下一章中,我们还会举出一些其他的例子来阐述以上观点,同时也会说明如何避免自己成为盲目从众的一员。

– 第二章 –

非理性

网络世界公司（NEI Webworld）并不从事与互联网相关的业务。1999年11月，互联网泡沫接近峰值，网络世界公司甚至还没有为所有客户提供拨号网络连线，这要感谢那些无处不在、主动寄来的光盘。网络世界公司其实是一家商业印刷公司，其公司名来源于一种有80年历史的胶版印刷技术，这种技术能为印刷机连续不断地输送纸卷或网络。1999年，互联网泡沫达到顶峰，网络世界公司似乎是那种即将被万维网淘汰的老式经纪公司，万维网世界与之毫无关系。但该公司其实早已破产了，在1998年12月7日就已提交了自愿破产和清算申请。

尽管网络世界公司已经破产，其股票仍在交易，只是交易额不多。该公司的股票是在场外柜台交易系统（OTCBB）上市并交易的，这是属于廉价股和其他低质量股票的地下世界，因为这些股票不能在合法交易所上市，或已经被合法交易所踢出。1999年11月，在停止运营并清算资产6个月后，网络世界公司的股价还不到20美分。一旦处理破产案件的法官做出裁决，该公司将正式解散，其股票也将不复存在。在这种情况下，很难想象为什么还会有人愿意为网络世界公司的股票买单，更别提场外柜台交易系统上还挤满了更糟糕的公司。这些股票的吸引力很大程度上来自一种寻求刺激的感觉，就好像牛顿和其他投资者在1720年所寻求的一样。网络世界公司的股票可能以每股5美分的价格开盘，下午涨至3倍。如果有人试图出售股票，其价格就会回落；毕竟，这家公司已经破产，没有业务了。可是投机者却乐在其中。

那年秋天网络世界公司在法庭宣布破产后，不仅场外柜台交易系统的股票在上涨，正规股票也在上涨。电信公司高通的股价在1999年11月上涨了63%，全年共上涨了2610%（股价从3.25美元涨到了88.06美元）。纳斯达克综合指数（NASDAQ Composite Index）衡量的是纳斯达克股票交易所所有上市股票的价格，1999年该指数主要关注科技和互联网股票，该年上涨了86%。美国在线（AOL）是一家通过邮寄计算机光盘让客户注册他们互联网服务的公司，该公司获得了94%的收益。

在这种环境下，任何与互联网和万维网有关的公司似乎都是不错的下注对象。与互联网看似有关实则无关的股票也受到了影响，那就是网络世界公司的股票。1999年11月，一对23岁的好朋友开始积累网络世界公司的股份，一个是药剂学生胡坦·梅拉米德（Hootan Melamed），另一个是在卖皮衣的家族企业工作的阿拉什·阿齐兹-戈沙尼（Arash Aziz-Golshani）。他们以每股5~17美分的价格总共购买了13万股，几乎每股都是已发行在外的股票。之后，他们就开始操作了。

为了掩盖踪迹，他们待在加利福尼亚大学洛杉矶分校（UCLA）的生物医学实验室外，用了50个不同的化名，在500个针对投资者的互联网聊天室里发布消息，同时小心翼翼地让自己的发言看起来像知识渊博、经验丰富的市场参与者的合法言论。他们编造了另一家公司 LGC 无线（LGC Wireless）将要收购网络世界公司的故事。在股市中，似乎所有与互联网有关的股票都在飙升，谁会对一家叫作网络世界的公司表示怀疑呢？毕竟，在 11 月早些时候，有一家名字类似的公司"网络货车"（Webvan）上市，其在上市首日股价就涨了 66%，这个故事在当时既稀奇又典型。网络货车公司的业务和网络世界公司的类似，都是旧经济的一部分。该公司提供在线杂货购物和送货服务，尽管在线购物的商业模式很新颖，但送货服务屡见不鲜；热心肠的社区杂货店几十年来一直雇用当地青少年来做送货服务。

网络货车公司最初计划只在美国的 10 个城市运营，即使该计划足够保守，该公司最初运营时的业务活动也不算太活跃。1999 年的最后三个月，该公司只获得了 40 万美元的总收入，约等于普通超市两周的总收入，同时公司还有累积超过 5000 万美元的亏损。然而，在其首次公开募股的当日，只有少数幸运者以 15 美元购买了该公司股票，大部分人面对的价格是 26 美元，之后上涨到 34 美元，似乎所有互联网公司的股票在首次公开募股当日的早上都会大幅上涨。最终网络货车公司的股价收于每股 24.88 美元，估值为 79 亿美元。既然网络货车公司值得如此高的估值，网络世界公司怎么会不值得呢？

胡坦和阿拉什在一个聊天室中留言，敦促投资者购买网络世界公司股票，因为"过去几天的交易量很大，懂行的人都在购买"。但他们隐瞒了事实，交易量激增是他们自己大量购买造成的。他们的秘密操作使该公司股票在聊天室用户中引起热议。

11月15日，周一，这些用户就购买了网络世界公司的股票。上周五，网络世界公司股价收于13美分，但周一却以8美元开盘。胡坦和阿拉什开始抛售自己所持股票。15分钟后，股价涨至15.31美元。胡坦和阿拉什仍在抛售，不过却抑制了涨势。半小时后，网络世界公司的股价又回到了每股25美分。胡坦和阿拉什共获利36.4万美元。

这种犯罪并不复杂，监管机构没用多久就查明了是谁最初购买了股票，谁发布了虚假谣言，谁抛售了股票，谁赚了钱，以及上述问题的答案都是相同的两个人的事实。仅仅30天后，即12月15日，美国政府以三项证券和电信欺诈罪名起诉了胡坦和阿拉什。

起诉的消息让网络世界公司股价再次飙升，就算媒体准确报道了其为"一家位于达拉斯的破产印刷公司"，也仍然无济于事，可见在1999年年底股市已经变得多么糟糕。网络世界公司在起诉当天以低于每股19美分的价格开盘，起诉消息公布后，交易价格高达2.38美元，最后收于31美分，涨幅为67%，几乎与网络货车公司首次公开募股当天的涨幅相同。这怎么可能呢？

网络世界公司这个名字似乎与互联网有一定关联，该公司引起投资者注意，也只不过是因为它是一对23岁好友进行证券欺诈的工具。起诉公布当天，一位出价每股2美元多的买家之后说道："股价每秒都在涨、涨、涨……我当时想，我跳进去一下就马上跳出来。"但他没能"跳出来"，当天收盘时他仍持有股票。

互联网的繁荣为投资者带来了一系列令人惊叹的新产品，这些产品改变了人们的生活。试想一下，如果没有网络浏览器和电子邮件，生活会是什么样子。下面，我们将了解投资者是如何理解新推出的奇特产品，以及如何理解自己与推出新产品的杰出企业家之间的关系的。

互联网以及连接和使用互联网的工具最初都是免费的。在20世纪90年代末，大部分也仍然免费，当时互联网行家对互联网商业化抱有很深的偏见。有些企业家认为试图利用互联网赚钱这种观点过时且愚蠢，包括那些创建网络货车公司并将其上市的人。不过，他们在1999年11月仍然没有想出利用互联网赚钱的方法。

20世纪70年代，美国国防部开发了互联网，其目的不仅在于接受无政府状态，更在于利用无政府状态。令人惊讶的是，该互联网由国防部开发，却没有中央权威。理论上讲，任何人都可以连接到互联网，尽管开发互联网的最初目的是让学术研究人员访问为数不多的远程超级计算机，分享研究成果。在当时让互联网工作以及现在让互联网功能丰富的东西，不是一个严谨的架构，而是一项技术协议，允许任何两台计算机进行通信，且不需要电话的固定线路。与电话不同，互联网发送的是"数据包"，这些数据包通过某个节点转发到接收者的地址。该过程缺乏中央控制。这就意味着，即使网络的一部分发生故障，数据包也能到达目的地。互联网正是靠着这种能力引起了美国国防部的兴趣。

互联网最开始出现时，没人会想到利用互联网进行商业活动。互联网是一种学术工具,其工作概念简洁明了,整个运行过程却复杂到让人难以置信。使用互联网共享数据或访问超级计算机,需要对计算机语言有深入的了解,这些语言就像古埃及抄写员写就的"神圣文字"一样让人捉摸不透。

最初的互联网就像一条通往不同房间的神奇走廊。其中一些房间里有超级计算机,而另一些房间里存储着堆积如山的数据,研究人员把这些数据拼凑在一起,以解答关于宇宙的基本问题。到1989年,不同的计算平台、操作系统和应用程序纷纷发展,这意味着有些房间的大门不再对研究人员敞开了,因为他们没有特定的房门钥匙,不了解相应的计算机语言或平台。

蒂姆·伯纳斯-李(Tim Berners-Lee)是位于瑞士的欧洲核子研究组织(CERN)的物理学家。欧洲核子研究组织拥有大量粒子加速器、大型计算机和大批科学家,与这种机构互通正是开发互联网的初衷。伯纳斯-李意识到,开发互联网的初衷已被专利技术的爆炸式增长淹没了。1989年,他向老板建议,让欧洲核子研究组织开发一个网络来管理所有资源,允许用户使用一种通用的超文本计算机语言(本质上是一把万能钥匙)来访问这些资源。这种网络最初称为"无线网格网络",根据伯纳斯-李的说法,该网络可以使连接到它的每个信息系统都看起来像是"每个人都可以阅读的虚构信息系统的一部分"。无线网格网络最终发展为万维网。

即便如此,无线网格网络仍然是欧洲核子研究组织科学家们的工具,没有人想将它用于商业活动。登录的用户也只是想弄清楚宇宙大爆炸之后发生了什么，而不是想着如何赚10亿美元。为了促进人们对答案的搜索、加速无线网格网络的普及，在1993年4月，欧洲核子研究组织委员会决定让万维网进入公共领域，永远对所有人免费开放所有内容。这种平等主义精神值得称赞，但也阻碍了未来几年想要利用网络赚钱的人。

这时的互联网是免费的，比一开始的互联网使用起来更容易，但也还是存在一定困难。伯纳斯-李的超文本语言实在是令人生畏，尽管人们只需要掌握这一门计算机语言。这种语言的工作方式更像打字机，而不是真正的电脑，因为每次只能显示一行文字。而且在当时，该语言也只能在NeXT的工作站运行。NeXT是史蒂夫·乔布斯（Steve Jobs）被苹果公司解雇后创立的电脑公司。

欧洲核子研究组织不是唯一一个建立互联网的机构，蒂姆·伯纳斯-李也不是唯一一个意识到互联网不容易普及的人。马克·安德森（Marc Andreessen）是伊利诺伊大学计算机科学专业的学生，曾在该校的国家超级计算应用中心兼职。安德森意识到网络对于研究人员来说是一种进步，但对于那些想专注于科学研究但不想学习网络所要求的超文本语言的人来说，使用网络仍然存在障碍。因此，安德森着手开发一项程序，将苹果和微软多年来一直使用的指向点击功能引入连通用户和网络的界面。

安德森的马赛克（Mosaic）浏览器于1993年1月23日早上发布，这是一个点击式浏览器，令人耳目一新。网络用户不再需要面对闪着光标的绿色荧光屏，也不再需要准确按键十几次才能打开某个程序。《纽约时报》(New York Times)关于马赛克浏览器的标题吸引了很多读者的注意："存储大量数据只需轻轻点击。"《纽约时报》称马赛克浏览器是"如此与众不同、如此大有裨益的应用程序，可以从零开始发展出一个新行业"。到1993年年底，马赛克浏览器的下载量高达几十万次。马赛克浏览器同时向多人开放互联网，导致互联网流量超过了网络容量。与先前研究人员的理念一致，马赛克浏览器也是免费的。

安德森毕业后搬到了硅谷，为传奇企业家吉姆·克拉克(Jim Clark)工作，开发了一款新的网络浏览器，其公司后来发展为网景通信公司(Netscape Communications)。即便如此，他还是下定决心，要免费向用户提供网络浏览器，甚至是有关网络的一切。这种新奇的想法仅限于互联网；其他软件并不免费，也没有人期望能免费。安德森和他的程序员团队完成新的网景浏览器之后，一位同事建议对该浏览器收取99美元。马赛克浏览器的高下载量证明浏览器是有市场的，而网景浏览器比马赛克浏览器还要优秀，他们还给网景浏览器起了个很恰当的名字，叫作"网景领航员"(Navigator)。考虑到网景浏览器可连接网络的功能，还有《纽约时报》对马赛克浏览器的赞美，网景浏览器售价99美元已是物超所值。

网景公司肯定不是慈善机构。克拉克承担了所有的初始成本，总计数百万美元，占其净资产的很大一部分，他需要网景公司赢利。但是，互联网相关的所有东西都是免费的，他们公司或者任何互联网公司又要怎么利用互联网赚钱呢？他后来写道：

"我没有特定答案，但随着支持网络和马赛克浏览器的互联网呈指数级增长，赚钱已经是无法改变的事实了。这是大数定律在起作用，即使每个用户只付一小笔钱，合计起来也是一大笔生意。"

在 1994 年 10 月 3 日发布的一篇新闻中，网景公司宣布"将通过互联网向用户免费提供新推出的网景浏览器"，并且引用了安德森的话："网景通信公司为互联网用户免费提供网景浏览器，是想为全球网络创新信息应用的爆炸式增长贡献力量。"该公司确实做到了这一点，但网景领航员并没有像克拉克以为的那样，让每位用户都愿意支付低廉的价格，克拉克他们也并没有因此而变富有。

网景领航员可以免费把普通用户带到他们想去的任何地方。但是去哪里呢？很多新网景浏览器的用户都去了雅虎（Yahoo!）。

雅虎最初只是一个简易的在线网站列表，由两位斯坦福大学的电气工程博士创建。1994 年 2 月，杨致远和大卫·费罗（David Filo）创建了这一网站，当时他们在准备学位论文。到了秋天，该网站每天都能获得 100 万的点击量，有近 10 万个独立访客，充分说明该网站的受欢迎程度，内容也具有足够的吸引力。两人很快将网站最初的名字——杰瑞和大卫的万维网指南（*Jerry and David's Guide to the World Wide Web*）——改名为雅虎。

使用网景浏览器时，雅虎是个合理起点。这个门户网站提供新闻、金融、体育等信息，还有早期粗糙的搜索引擎。雅虎添加了电子邮件、游戏、天气和地图等"黏性"功能，防止访问者流连于其他网站。

互联网泡沫真正开始于 1995 年,当时一些企业家统计了美国在线和网景公司的互联网用户数量,意识到这 2500 万人构成了巨大的市场。一些新企业开始在网络上卖东西。1995 年 7 月,亚马逊(Amazon)作为一家在线书店开业。劳动节(译者注:美国和加拿大的劳动节是在 9 月的第一个星期一)后不久,易贝(eBay)作为兴趣项目"拍卖网站"的一部分,在苹果公司前程序员皮埃尔·奥米迪亚(Pierre Omidyar)的个人网站上开业。奥米迪亚的目标是建立一个网站,"将买家和卖家聚集在诚实开放的市场上"。出于对网络最初精神的认同,易贝一开始对用户是免费的。后来,奥米迪亚要求卖家寄支票作为佣金,以抵消自己的开支,但整个过程也没有太违背网络最初的精神。奥米迪亚收到的支票越来越多,不得不雇人来处理邮件,这时,他已经把这份兴趣当成了全职工作。

尽管网景公司没有出售任何东西,也没有产生任何利润,但公司的股东仍在赚钱。1995 年 8 月,该公司以每股 28 美元的价格上市,首日交易收于 58.25 美元。到了年底,该公司股价为 139 美元。

约翰·D. 洛克菲勒(John D. Rockefeller)是标准石油公司(Standard Oil Company)的创始人,他曾经是美国最令人讨厌的人。洛克菲勒不仅在石油和煤油市场上击败了竞争对手,还无情地将价格降低至生产成本以下。他威胁对手公司,如果他们不按要求把公司卖给他,他就会继续羞辱并打压他们。最终,洛克菲勒控制了市场。在这个过程中，洛克菲勒成了美国最富有的人，从多方面来看，他是有史以来白手起家后最富有的人。

20世纪90年代的互联网企业家也同样遭人憎恨。他们夺走了最初由纳税人资助的互联网，试图从中赚钱。运营大多数软件和硬件平台的巨头企业创建了专有的生态系统，无法与其他平台兼容，一旦用户承诺使用微软视窗（Windows）操作系统或苹果操作系统，这些企业就会相应地收费。有些公司借鉴了洛克菲勒的做法，选择不收费，这并不是出于对互联网初期平等主义的忠诚，而是为了扩大市场份额，粉碎竞争对手。对很多人来说，网络仍然很新奇，不是生活的必要，所以这种咄咄逼人的策略对普通用户没有意义，他们对此感到着迷，而并不感到愤怒。

一些还没有使用互联网的人被潜在的技术复杂性吓住了，他们嘲笑有关互联网的整个事件，但令人惊讶的是，他们并没有嘲笑开发互联网的程序员。程序员往往是那些在高中的时候脸色苍白，总是受他人欺凌的那类孩子。一般来说，对财富产生嫉妒时，这种蔑视很容易演变成更刻薄的东西。然而，普通美国人意识到并开始探索互联网时，他们并没有诅咒那些巨头企业，大多数人想办法克服了复杂性带来的威胁。他们着迷于互联网将他们带往的地方，着迷于那些使之成为可能的人。大多数美国人在1996年2月19日第一次看到马克·安德森的照片，当时安德森出现在了《时代》杂志的封面上，穿着简单的黑色休闲衬衫和牛仔裤，光着脚，坐在镀金宝座上。封面描述他"转瞬即逝"，指的是他从网景公司首次公开募股中赚到的钱。人们讨厌的洛克菲勒出现在公共场合时一定是穿夹克、打领带的，除了他的家人，没有人能想象他穿普通男人的衣服，更不用说光着脚了。然而，迷人的（或者说受人爱戴的）安德森却以如此的穿着打扮出现在了全国性杂志封面上。

越来越多基于互联网的企业相继成立，创始人逐渐成为名人。这在以前的企业家身上是很少见的，对于仅仅是现有企业管理者的首席执行官来说，就更不可能了。到1995年，苹果联合创始人史蒂夫·乔布斯和史蒂夫·沃兹尼亚克（Steve Wozniak）已经家喻户晓，比尔·盖茨也是一样。乔布斯第一次出现在《时代》杂志的封面上是在1982年，当时他26岁，后来他在1997年和1999年又再次登上封面；盖茨于1984年4月首次亮相，从1995年6月到2000年，几乎每年都要有一两次亮相。1995年的一期封面大胆地称盖茨为"宇宙之主"，说他"征服了全世界的计算机"，这时互联网已在美国普及。美国在线首席执行官兼董事长史蒂夫·凯斯（Steve Case）登上了《时代》杂志和《新闻周刊》（Newsweek）的封面。亚马逊创始人杰夫·贝佐斯（Jeff Bezos）是1999年《时代》杂志的年度人物。还有一些读者深深着迷于杨致远和大卫·费罗创立雅虎这个最著名网站的可爱故事，忘记了他们同时也是世界上最负盛名大学的计算机科学博士生。

另外两名斯坦福大学的研究生，拉里·佩奇（Larry Page）和谢尔盖·布林（Sergey Brin），在1998年9月推出了谷歌（Google）。谷歌极大地提高了互联网的搜索效率，并因此而闻名。人们使用安德森、乔布斯和盖茨创建的网络平台访问贝佐斯的亚马逊、佩奇和布林的谷歌、费罗和杨致远的雅虎，投资者也购买了这些公司的股票。这种对创始人、公司和平台的吸引最终会对投资者造成不良影响，因为他们会形成情感依恋，认为那些让创始人和公司变得特殊的东西也可能会让自己变得特殊。

这类新名人在一定程度上是股市催生的。从1994年年底到1998年年底，纳斯达克综合指数增长了近两倍，在此期间每年至少上涨20%。其中，微软共上涨了808%。从首次公开募股到1998年年底，雅虎的股价上涨了5368%。美国在线的用户当时占了全美国互联网用户的60%，该公司在这段时间内进行了5次股票分拆，股价上涨了8764%，其中1998年就有两次股票分拆。这些公司的创始人都名利双收。

我们从艾萨克·牛顿爵士和南海公司的故事中了解到，虽然现代经济理论总是把人类比为经济计算机器，但就算是最善于分析的人，也不只是经济计算机器这么简单。我们对亏损的厌恶甚于对利润的喜爱，而这在数学上是不合逻辑的。在互联网泡沫期间，许多投资者认为不可能亏钱。这些投资者过于自信，像牛顿在南海公司股价大涨期间所做的那样，将历史回报过度投入期货中。此外，互联网本身也像18世纪20年代交易巷附近的咖啡馆一样，增加了投资的社交性。尽管约280年过去了，但这种行为偏差仍没有改变，只不过股票公司变了而已。

随着互联网泡沫不断膨胀，新企业陆续诞生，企业故事以及企业故事中的人，往往比企业本身的经济前景更加重要。不止一位学者表示，投资者希望在这部正在上演的故事中扮演重要角色,所以他们使用某些产品,购买生产这些产品的公司的股票。股市一直都充满戏剧性和鲜明个体,那么又是什么让互联网泡沫如此特别呢?

互联网泡沫的其中一个不同点在于,这个故事既涉及外部心理,又涉及内部心理。从外部心理来看,投资者注意到了泡沫膨胀,允许社会动态和羊群效应推着自己走,和牛顿在南海泡沫中被推着走一样,也和数百万其他投资者在其他泡沫中被推着走一样。另一方面,对许多投资者来说,这一故事也带有强烈的个人色彩。他们将自己的感觉内化,认为互联网和互联网企业家可以改变他们个人,让自己变得特别。

这场闹剧中的外部心理强化了突显偏差,即投资者倾向关注更出名的公司,而忽略其他公司。这种偏差因频繁性和生动性而加强,大量的新闻报道增加了对所有与互联网有关事物的关注,互联网本身的新奇性也提高了其生动性。理查德·塔夫勒(Richard Taffler)和大卫·塔克特(David Tuckett)教授曾指出,当事件不确定、模棱两可时(投资总是如此),"情绪和心理状态决定了人们理解信息和现实的方式"。他们指出,关于互联网的媒体报道和大众言论越来越多,"对互联网的大量关注如此诱人、如此公开,成倍放大了持有互联网股票的吸引力。互联网拥有幻想中的事物的一切特征:美好、新奇、值得炫耀,当然也包括带来财富"。

互联网泡沫的另一个不同点,也是更加危险的一点在于,投资者试图理解互联网及互联网对自己身份的影响,而不再局限于互联网对自己财务状况的影响,这些外部线索被内化了。塔夫勒和塔克特解释了这是如何发生的:"对主观体验的精神分析方法集中于在精神上与认知相分离的感觉。一个人可能会在'感觉'自己拥有'某物'的同时,保持完全清晰的认知能力。如果该认知能力足够突出,就能让他意识到自己的'感觉'有多么夸张。在幻想中,投资者一旦持有互联网公司的股票,就会无意识地觉得自己被赋予了其发明者的品质,成了'了解'新事物的人,加入了他们的魔法圈,拥有了童年时期幻想中的东西。"

这种创新技术如此强大,似乎可以把人们带到一个新地方。在这个过程中,人们觉得自己无所不能。与之前的经济泡沫不同,现在更重要的是投资者对目标公司的看法,而不是该公司的商业模式或资产负债表。这些公司还有那些传奇创始人占据了投资者的情感,让他们与现实相脱离。投资者总是被股市泡沫冲昏头脑,但这次不同,因为这次不仅仅是股价不断上涨,还伴随着新技术,这种新技术在郁金香球茎泡沫和住房价格泡沫中都不存在。在此之前,这种情感依附只存在于体育明星和电影明星身上,那些明星通过想象引领着我们,新兴互联网公司也通过想象引领着投资者。收藏家之所以愿意一掷千金购买棒球球星的新秀卡,是因为他们可以看着新秀卡,想象自己回到年轻时候,看着心中的英雄在阳光下挥洒汗水。那时他们心中还有热爱,还没有因打不出曲球而沮丧,也没有因成年后的残酷现实而深受打击。类似的遐想也发生在那些对股票盈利不屑一顾的投资者身上(如果他们考虑过盈利情况的话),他们购买互联网股票是因为使用全新技术能给他们带来别样的感觉，让他们进入一种金融神游的状态。

这种状态是很难"摆脱"的，因为体验过互联网的投资者会因这种体验而改变。1999年，这种变化通常表现为，人们愿意用全新的估值方法看待股票。因为许多公司都承诺要改变世界，有些改变较微小，有些则更深刻。投资者希望得到认可，希望能以最亲密的专业方式参与其中，即购买公司股票，与自己心目中的新英雄成为"商业伙伴"。

投资者面临的问题是，泡沫不可能永远膨胀。塔夫勒和塔克特指出，这种迷恋有一致的心理阶段，与精神病学家伊丽莎白·库伯勒-罗斯（Elisabeth Kübler-Ross）提出的悲伤的5个阶段不同。首先，满怀希望的投资者会对所有新事物感到着迷，接着是兴奋，后来是狂喜。当泡沫无法避免地破裂时，狂喜会让位于讨价还价，接着是恐慌，然后是厌恶，最后在指责中结束这一周期。1999年年末，陷入互联网泡沫的投资者正处于狂喜的阶段。

1999年，纳斯达克综合指数上涨了85.6%，互联网投资者开始依赖一系列模糊的新型估值指标，就像在1720年一些小册子作者试图对南海公司估值时所做的那样。一些分析互联网的人认为，对于那些销售产品的网站来说，尽管每个人对何为"消费者参与度"的概念都有不同的理解，"消费者参与度"仍是很重要的衡量标准。页面浏览量或每月独立访问者是雅虎和其他网站的首选指标，这些网站除了"吸引眼球"外没有任何其他卖点，

"吸引眼球"也是靠广告赢利的网站的另一受欢迎程度指标。

有些投资者甚至创造了一些新词来证明自己最喜欢的股票估值是合理的。"思维份额"这个词在1990年之前并不存在，随着这10年的发展，其使用量慢慢增加。后来，投资者把握住这个概念，将其作为购买互联网股票的理由。他们购买的这些股票虽然利润不高，甚至还会亏损，但大都相对知名，或占有很大的思维份额。

这种新股市估值方法的反常之处不只在于其忽视了几世纪以来人们一直依赖的那些股价指标，更在于其嘲笑这些指标，认为这些指标无关紧要，还很危险。一位投资者坦率地说："决定何时出售价格猛涨的股票时，估值通常没有什么用。"

正如1720年小册子里展现的那样，对公司估值的方法有很多，但在1999年之前，几乎所有投资者都认为估值与市盈率息息相关。股票交易价格是多少？公司发行每股股票的利润，或者收益是多少？市盈率衡量的是公司需要多少年才能以利润的形式收回成本。如果这一比率非常高，就像雅虎等公司那样，那么投资者就会希望他们提高利润。如果一家公司完全不赢利，同许多互联网股票一样，那么投资者就会希望他们停止亏损。市盈率并非万无一失，只是一种传统的估值指标，但随着投资者失去理智，他们开始对这种传统估值指标不屑一顾。1995年之前，纳斯达克综合指数的市盈率从未超过21。2000年3月，其市盈率却接近100。

投资者应该问问自己：如果传统估值方法没有用，那还有什么估值方法有用呢？吸引眼球？思维份额？一种温暖、模糊的感觉？

一些公司创始人甚至认为笨蛋才愿意赢利，因为他们担心，如果自己赢利了，投资者会觉得他们不愿意为了吸引眼球、获得页面浏览量或提高思想份额而花钱。而投资者也在说服自己，觉得自己是新网络红人的合作伙伴，赢利能力等平淡无奇的问题不值得操心，因为这次与以往不同，他们可以一起改变世界。

投资者很容易被激动人心的新公司冲昏头脑，或者像心理学家所说的，被带到另一地方。虽然像吉姆·克拉克和马克·安德森这样的创始人可能认为自己肩负使命，但他们还是要赚钱的，只是不知道怎么赚。对投资者来说，这就是个不幸的问题。那些被冲昏头脑的人就像专业交易员所说的那样，被牵着鼻子走。

有几次市场泡沫和紧随其后的熊市都是对某物价值估计有误而引起的，没人设想其能改变世界。17世纪30年代郁金香球茎的价格泡沫就是单纯的价格误差问题，没人觉得郁金香能改变世界。南海公司泡沫也在于价格问题，尽管一些投资者受到欺骗，以为与南美的贸易将带来巨大利润，但这种贸易的性质是很清楚的，争论点只在于贸易发生的频率。

20世纪20年代的股市泡沫主要与价格有关，不过也有一些经济泡沫确实是由改变世界的新技术推动的。在过去10年里，汽车已随处可见，汽车制造商是投资者的热门话题。除汽车之外，另一项新技术是商业广播，许多人称为"空中音乐"，在20世纪20年代蓬勃发展。在1921年年底，美国只有5家商业广播电台，仅仅 6 年后，美国家庭在收音机上的花费就增长了 10 倍，商业广播电台的数量达到 680 多家。美国广播公司成立于 1919 年，之后几年其股票在"场外市场"交易。"场外市场"同其字面意思一样，是指一群投资者在纽约证券交易所外的人行道上交易不太重要的股票。1921 年，美国广播公司收盘价为每股 2.25 美元，在 1929 年股价高达 570 美元。

虽然广播这项新技术令人着迷，但美国广播公司只是道琼斯指数的 30 只股票之一，其他股票都是一些老式工业公司，如美国烟草公司、美国橡胶公司、伍尔沃斯公司和美国制糖公司。没有人会觉得这些公司能改变世界，但 10 年过去，他们的价格还在不断上涨。

1987 年 10 月突然结束的股市反弹是由利率下降、企业利润增加、人们对美国在世界上的地位也更有信心所推动的，这些都让美国公司变得更有价值，而这些都与革命性技术的出现无关。

20 世纪 90 年代末的互联网泡沫则不同。仅两个世纪以前的投资情况可以提供更好的对比。当时投资者被变革性、个人化的投资方式冲昏了头脑。1830 年，第一条商业客运铁路——利物浦至曼彻斯特铁路开通，连通了各个英国工业革命中心。不久，其他的铁路也建了起来。当时，这种运送旅客的方式很不可思议，人们很少从一个城市到另一个城市去，就算去也全靠马车，又脏又费力。再加上工业革命的进步和政府对铁路建设的赞助，一旦英国人发现利物浦至曼彻斯特铁路开通对自己有利，他们就会感觉自己生活的世界正以一种神奇的方式改变和扩大。那些"发现"这一点的人开始投资铁路，之后铁路又多修建了数千英里。1845年年末，英国央行提高利率，资金流动不通，现实的打击让泡沫破裂。可以想到，许多"发现"的人都发现自己上当了。

投资是为了赚钱。但投资者是人，他们有时会忘记这一点，转而寻求另一种感觉。虽然他们投资了不少，但他们似乎陷入了另一种比投资更重要的活动。有些东西的确比钱更重要。例如，数百万美国人拒绝向生产烟草产品的公司投资，这不难理解。但这也存在另一种说法：一家旨在改变世界的上市公司或许值得你的惠顾，但并不值得你投资。

互联网上的所有东西都应该是免费的，但这种理念总是被可赚到的巨大利润所压倒。网景公司的吉姆·克拉克不只是想赚钱，他需要赚钱，但竞争太过激烈，这对他来说并不容易。比尔·盖茨的微软公司于1995年推出了自己的网络浏览器——IE浏览器。该浏览器可免费使用，与当时占主导地位的Windows操作系统捆绑在一起。对于那些不熟悉浏览器和网络的人来说，使用微软预装的浏览器比下载网景浏览器更方便，所以很多人都选择使用IE浏览器。

1998年11月，网景公司同意以42亿美元的价格出售给美国在线，这也第一次有客观迹象表明利用互联网的确可以赚很多钱（但这并不容易，赚的钱也是有限的）。对投资者来说，该事件还表明，美国在线支付的价格略低于交易宣布前网景公司的股价估值。

第一波互联网企业的核心就是互联网。没有互联网，企业就无法存在。对于普通用户来说，美国在线、网景和雅虎等公司就是互联网。但从1998年起，直到1999年年初，第二波以互联网为中心的企业如雨后春笋般涌现。这些企业利用互联网，让人们可以完成以前通过见面、邮件或电话才能完成的事情。有人认为，有些东西也可以在互联网上出售，所以一些相关公司也逐渐成立，销售宠物用品、手袋、短片或推荐餐馆。这些创始人一开始都没有想到自己的公司能赢利，大多数人也没有明确的赢利路径，但他们有一种吉姆·克拉克式的自信，认为互联网是如此庞大，以至于可以让每个人发财致富。1998年，零网公司和其他互联网服务提供商开始免费为用户连接互联网。至此，就连互联网唯一不免费的地方，即实际连接互联网，也开始免费了。1999年伊始，只有两类网站一直在通过互联网赚钱：一是1996年上线的《华尔街日报》（*Wall Street Journal*）网络版，其逆潮流而行，从上线第一天起就开始收取订阅费；二是色情网站。投资者本应关注这一事实。

网络货车公司是第二波互联网企业之一。在ShoeMall.com和Shoebuy.com等网站成立时，购物者还是希望能在购买前试穿鞋子，穿着鞋子四处走动。Kozmo.com成立的主旨是销售并配送附近的便利店销售的大部分东西，包括糖果、冰激凌、现磨咖啡、书籍和录像带。后来，Kozmo.com从亚马逊和星巴克等合作伙伴那里筹集了超过2.8亿美元的风险投资。这些高额投资如期而至，尽管Kozmo.com负责国际业务的副总裁曾对潜在投资者坦白：

"Kozmo.com之所以存在，是因为它与50~100年前西尔斯公司在美国创立的目录模式没有太大区别，这也是公司正在经历财政危机的原因之一。"2000年2月，该公司宣布将在未来5年里向星巴克支付1.5亿美元，这一消息引起了轰动。星巴克只需以风险投资的形式返还2500万美元，但作为交换，Kozmo.com可以凭借剩余的1.25亿美元在星巴克门店放置品牌箱，以方便顾客返还出租的VHS录像带。Kozmo.com在1999年所做的一切都没什么特别的，只不过是用支票吸引风险投资家。

1999年，通过互联网销售狗粮和猫砂的公司也非常火爆。从1999年1月到2000年3月，大约每个月都会有一个相关网站成立，向60%的美国家庭出售狗粮、猫砂和其他宠物用品。该市场的年总规模为230亿美元，主要是由宠物超市和宠物公司两家实体连锁店提供服务，这两家连锁店都仅凭2%~2.5%的微薄利润率运营。其中，有一家宠物用品网站使用了"马甲"。

1998年8月，连续创业者格雷格·麦克勒莫尔（Greg McLemore）创立了Pets.com。随着互联网泡沫膨胀，随便一个好域名再加上像样的商业概念都能获得一定的市场。第二年年初，麦克勒莫尔在把尚处于萌芽阶段的Pets.com卖给了哈默·温布莱德（Hummer Winblad）风险投资公司。然而，这笔交易并没有多大意义。宠物超市和宠物公司都推出了自己的网站，杂货店和大型零售商的加入让竞争加剧，利润率只会进一步下降。有时这并不是坏事，很多成功企业的利润率都很低。但是对Pets.com并非如此，该公司的利润是负值——每向产品供应商支付一美元，只能从客户那里获得43美分。Pets.com的首席执行官朱莉·温赖特（Julie Wainwright）称该公司在"占得先机"。但这种亏损程度还是没有考虑日常管理、运输、300名员工的工资和市场营销等成本，Pets.com在市场营销方面投入了大量资金。从1999年2月到9月，Pets.com的总收入只有61.9万美元，但在广告上花费了1180万美元。11月，该公司在纽约市梅西感恩节大游行中购买了自己的花车。2000年1月30日，该公司又在超级碗期间花120万美元做了一个32秒的广告。

2000年的超级碗仿佛是十几家新兴网络公司的毕业舞会之夜，这些公司竞相打造"领先于潮流"的产品，在开展赢利和可持续发展的业务之外确立思想份额和思想意识。LifeMinders.com的创立目的是收集订阅者的私人信息，通过发送带有广告的电子邮件来提醒用户周年、生日等信息。该公司耗资120万美元的超级碗广告只有30秒多一点的时间，背景是醒目的荧光黄，用黑色字体写着："这是超级碗最糟糕的广告。"这张广告图的配乐像敲打筷子的声音。

Epidemic.com取了一个不怎么吉利的名字（译者注：Epidemic意为流感、传染病），在该公司发布的广告中，一个男人因在公共浴室洗手而受到罚款，这个广告让人摸不着头脑，如该公司的名字一样，没能体现任何公司业务。该公司的名字只是表明大面积流行的传染病往往是由于不洗手引起的。公司广告和名称的循环印证性没能表达任何营销信息。该公司的全国客户经理后来也承认："这则广告并没有引起消费者的反应……"这一事实几乎尽人皆知，在经理承认的时候，该公司早已倒闭，还拖欠了60名员工最后的工资。

Pets.com以120万美元的价格买下了30秒的广告，广告中满是该公司的袜子玩偶吉祥物，播放着芝加哥乐队走音版本的民谣《如果你现在离开我》(*If You Leave Me Now*)。广告所表现的是希望宠物主人能通过网站订购宠物用品，接受送货上门，而不是把宠物留在家里，哪怕只有几分钟。在超级碗播放广告是企业成功的传统标志，通过在超级碗投放广告，这些互联网上的新兴企业似乎在让投资者相信，新兴互联网企业正在以成功面貌进入大众视野。这种方法之所以有效，只是因为人们在投资时存在其他心理怪癖。

近因效应是指新近获得的信息比原来获得的信息影响更大的记忆现象。事实证明，投资者更有可能购买他们最近有印象的公司股票，不管这家公司的前景、利润或基本面是什么情况。1720年，牛顿只有少量的投资选择，至少在泡沫公司出现之前是如此，但到了1999年，超过7200家公司在美国证券交易所上市。对于牛顿来说，列出所有可投资的股份公司是很容易的。但在1999年，人们需要有惊人的记忆力才能想起来小部分上市公司，因此现代投资者倾向关注他们最近接触到的公司股票。

这种趋势极大地缩小了普通投资者的选择范围，他们的注意力有限，倾向购买那些脱颖而出的公司股票，而不考虑背后的原因。在美国金融业最重要的股票指数标准普尔500指数里，你能说出多少只股票的名字？如果你都想不起任何一只标准普尔500

股票，又怎么能考虑投资哪一只呢？这些股票你都想不起来的话，更何况是美国其他3500多家上市公司？

如果我们只能想起美国一小部分上市公司，那么我们实际投资的公司是如何引起我们注意的呢？通常情况下，投资者听说某只股票只是因为其最近价格变动较大，或者交易量远高于平均水平。这两种情况是值得注意，但不能仅凭此判断该公司是否能长期投资。也许媒体经常提起这家公司是因为该公司的首席执行官很有魅力，但行事效率并不高。也许某家公司上新闻是因为该公司是23岁药学专业学生和朋友"拉高出货"的对象。

近因偏差会以多种方式降低投资回报。其一，近因偏差会降低投资的分散程度。多样化投资的好处毋庸置疑，但受近因偏差和突显偏差的影响，投资者可投资的领域缩小，投资组合的多样化程度就低于应有水平。在近因偏差和突显偏差的作用下，投资者的投资组合会偏重自己附近的公司的股票。不过，如果这些公司面临困境，解雇了大量总部员工，抑制了当地经济，投资那些远离投资者的公司就会有特别的优势。投资太多附近的公司，最后就会导致投资者持有过多自己所在行业公司的股票。当投资者从事的行业面临困境时，分散投资其他的行业就同样有特别优势。投资者最不希望的就是在失去工作的同时，又由于对该行业公司的投资比例过高，自己投资组合的表现也非常糟糕。

其二，近因偏差会让投资者相信公司的近期表现（最容易回想起的表现）将持续到未来，忽视长期趋势或基本面。这种心态促使牛顿在南海公司股价接近最高点时回购了该公司的股票。他相信，尽管从长期趋势和基本面来看，南海公司的股价约为每股100英镑，但其股价仍将以惊人趋势持续上涨。与此相关的一个怪癖是近因偏差会导致投资者放弃投资，在低点卖出，因为他们认为股票降价的趋势也会持续，产生了损失规避心理。

可得性偏差与近因偏差和突显偏差密切相关。可得性偏差是指人们往往利用熟悉的认知来判断事件的可能性。这些记忆通常具有戏剧性，不能代表日常事件。一件事越容易出现在脑海中，我们估计其发生的概率就越高。例如，如果认识的人最近离婚，那么我们对整体离婚率的估计也会更高。对于最近的案件受害者来说情况也类似。我们往往会高估谋杀（2017年有19454人死于谋杀）等骇人死因的可能性，而低估慢性下呼吸道疾病（同年160201人死于该病）等不起眼死因的可能性。

同样，你很容易就能说出很多自己没有经历过的股市崩盘，或者回想起自己的亲身经历。可得性偏差使我们对股市崩盘可能性的看法产生偏差，这对投资者有实际的影响。除了那些过于自信、认为罕见意味着不可能发生的投资者，许多人在投资时认为下一次崩盘发生的可能性比实际更高，他们的收入会受到影响。因此，他们过于担心发生像1929年或1987年那样的股灾，便相应调整持股，但并不担心是否要提早开始储蓄，是否承担了与自己年龄相称的风险，还有投资收取的费用是否合理。为什么我们更关注轰动性事件，而对普通事件关注较少，甚至不关注呢？这在很大程度上与轰动性事件所带来的情绪有关。

1983年，经济学教授埃里克·约翰逊（Eric Johnson）和诺贝尔奖得主、心理学家阿莫斯·特沃斯基（Amos Tversky）指出："区分风险评估与其他评估的一个特点是……风险评估很少发生在情感中立的背景下。我们目睹一场事故或阅读报纸上关于自然灾害的报道时，不仅我们的主观概率（屈服于可得性偏见）会修正，我们还会感到震惊和不安。"

约翰逊和特沃斯基继续进行了一项情绪操纵实验，称为"影响实验"。在该实验中，实验对象需要阅读一篇关于悲剧事件的简短新闻报道。实验对象的情绪"启动"后，会增加对一些风险和不良事件可能性的估计，其中许多与刚刚读到的新闻无关。例如，一名学生死于白血病的消息会增加实验对象对死于飞机失事或雷击可能性的预估。奇怪的是，实验对象的情绪因积极、令人振奋的故事而"启动"时，却没有产生相应的影响。这种效应只在不良情绪上起作用。

试想一下，今天股市下跌 5% 的消息会对你的投资决策产生怎样的影响。再试想一下，今天股市上涨 5% 的消息又会使你会做出何种反应。显而易见，任何可能"激发"你情绪的新闻都有可能影响投资决策，这是很危险的。"情绪"一词的英文"emotion"来源于拉丁语词根，意思是"驱动"。30 年前的新闻已无关紧要，但这些新闻如果引发了一连串的情绪波动，就还是会扩大对今天决策的影响。

在很长一段时间里，我们假设投资者就像机器一样，每个月存下适量的钱，严格分析自己能够回忆起的投资，分析所有可用投资的风险、潜在回报、投资组合构建和时间框架，然后进行投资。然而，我们没有认识到，也没有让投资者了解到更重要的一点，那就是情绪对投资的影响。在教导投资者时，我们关注的是已知结果的感受，而不是识别最初做投资决定时的情绪。保罗·萨缪尔森的同事厌恶风险，拒绝了抛硬币的赌注。尽管赔率在他这边，他也不想下注，因为他认为抛硬币的结果会给自己带来情绪。研究人员称这种情绪为预期情绪。如果投资者放任预期情绪压倒明智的投资选择，这些情绪就具有破坏性。如果一个年轻的投资者不愿意看到自己投资组合的价值下跌，他就会拒绝加入股市，甚至不愿意用一部分退休储蓄进行投资。这就是预期情绪影响投资决策的结果，这样的决策显然是不明智的。

对于焦虑的投资者而言，要想改善长期投资结果，一个重要的方法是尽量不要推测投资几十年后的感受。相反，投资者应该练习在财务上的专注力，要求自己现在就做出合理的投资决策，尽管心里清楚这些决策并不可能总是成功。那个不愿为赢得200美元而冒100美元风险的经济学家就可以采取这种方法。

我们在决定是否下注或投资时总会产生一些预期情绪，要想战胜这种情绪，就必须先了解它们。预期情绪很重要，因为如果一个投资者现在做出了更好的决定，在做决定的时候认识到了情绪的影响，那么他在关键时刻让恐惧占据主导，或者在熊市底部卖出股票的可能性就微乎其微。同时，他也不太可能只关注那些新闻上出现频率较高的公司，那些去年的业绩令人瞠目结舌的公司，还有那些总部在自己附近或所在行业的公司。

这种方法之所以有所裨益，是因为与纯粹客观的回报概率计算相比，仅凭对风险的感觉会造成更糟糕的选择，而客观计算正是经济学家假设的投资者采用的方法。有些人已经认识到了这一点，也知道了如何利用这一点——没有谁比卖保险的人更在行。购买保险应该是一种客观决定，基于潜在损失、获保可能性、保险成本、买方资产和风险承受能力而做出的决定。但那些卖保险的人心里清楚，"唤起生动的负面心理意象的事故图像"往往能帮他们卖出更多的保险。例如，研究表明，相比较购买包含"所有致死原因"的旅行保险，包括恐怖主义袭击，还有一些其他平淡无奇、缺乏生动性的原因，航空旅客更愿意花更多钱购买只包含"恐怖袭击"这一死因的旅行保险，因为恐怖袭击更具画面感。

这种市场无效性，即为只包含某一特定死因的保险支付比其他死因更多费用的现象，是风险感受的结果，在2000年年初的互联网投资者中表现极为明显。

奔迈掌上电脑（Palm Pilot）是第一个广受好评的掌上电脑品牌。该电脑包含电子日历、地址簿、记事本等工作功能，大小和现代智能手机差不多，装有巧妙的手写识别系统，用户可以用手写笔在屏幕上输入信息。生产掌上电脑的奔迈公司并不属于互联网公司，但也抓住了互联网时代虚幻的时代精神，在1999年控制了70%的个人数字助理市场。

奔迈曾是3Com公司的子公司，3Com公司是互联网核心技术的老牌制造商，产品包括数据交换机、控制器和路由器。但是3Com公司并不出名，只有少数人知道奔迈是其旗下公司，制造了令人着迷的"掌上电脑"。近因偏差和突显偏差对3Com公司并不利,许多了解这两家公司的人逐渐认为奔迈公司最好独立发展,对不了解3Com公司的个人消费者进行营销。因此,1999年9月,3Com宣布奔迈公司独立上市。

2000年3月2日,奔迈公司进行了首次公开募股,3Com出售了5%的股份。3Com公司计划在未来几个月内剥离其剩余股份,每持有一股3Com公司的股份,就向其分配1.525股奔迈公司的股份。原拥有100股3Com股票的人仍将持有100股3Com股票,在股份剥离完成后,再额外拥有152.5股奔迈公司的股票。这种安排的计算方法很简单,每股3Com公司的股票的价值大概是每股奔迈公司股票的1.5倍,由于3Com公司在银行持有每股10美元的现金,而且为用户提供通信设备的传统业务利润丰厚,其股价本应更高。具体股价取决于对3Com公司剩余业务的估值,这一估值有待商榷,但应该相当可观,因为3Com公司是该领域的第二大公司,仅次于思科。

奔迈公司在上市第一天的收盘价为每股95.06美元。这意味着3Com公司,加上其在奔迈公司的剩余股份,每股10美元的现金,还有传统业务,应当每股价值至少155美元。然而,3Com公司以每股81.81美元收盘,当日下跌21%。以95.06美元的价格购买奔迈公司一只股票的人,本可以通过购买3Com公司的股票获得1.525股奔迈股票,仅花81.81美元。从本质上讲,股市行情表明3Com公司赢利的传统业务价值为每股负63美元。当投资者屈服于自己的行为偏差和怪癖时,这并不是唯一不合逻辑的决定。

正确拼写 ComputerLiteracy.com 的域名似乎并不难，特别考虑到该公司的目标受众是"智力较高"的人。但在 1999 年 3 月，这家技术书籍和技术手册的在线销售商决定更改名称，消除拼写错误的风险，避免流失潜在客户。公司管理者认为将域名改为 FatBrain.com 就能解决他们的问题。更名消息公布的当天，该公司的股价上涨了 33%。

许多其他企业管理者认为改名同样能够提升他们的股价。新改名的 FatBrain.com 是计算机和互联网领域的公司，但有些人认为，即使自己的公司与互联网无关，也可以通过改名提升股价。1998 年 6 月 1 日至 1999 年 7 月 31 日，95 家上市公司将其公司名称改为某种与互联网有关的".com"或".net"名称。许多公司在重新命名之前与互联网没有任何关系，也根本不打算在这方面有所改变，虽然改了新的名字，但商业计划仍保持不变。

其中一个例子是温德姆公司（Windom Inc.），该公司成立于 1988 年，是一家空壳公司，从成立到 1997 年都没有任何资产或商业运作。1991 年 8 月，因针对母公司的集体诉讼，温德姆公司大部分流通股被分配给了原告和原告律师。1997 年，温德姆公司与纽约百吉饼交易所（New York Bagel Exchange）合并，后者的全部业务只相当于一家熟食店的。两年后，其所有百吉饼和餐厅业务仅以 12 万美元的价格出售，纽约百吉饼交易所只剩一个空壳，没有任何业务，甚至连熟食店也没有了。这时，该公司更名为"WebBoat.com"，这一改变似乎终于取得了成功。在更名前4天，纽约百吉饼交易所的股价为5美元。在公司采用新名称的4天后，股价涨至8.75美元，涨幅达75%。

从结果来看，这种价格上涨属于平均水平。这一时期宣布更名的有95只股票，更名前后的10天内，平均涨幅为74%。虽然投资者仅因改名而购买这些股票存在逻辑问题，但这种影响并未消退。研究人员在2001年写道："仅仅是与互联网相关联，似乎就足以给一家公司带来巨大而持久的价值增长。"

逻辑上唯一说得过去的解释是有关行为的。投资者陷入了一种狂热之中，在近因偏差和虚幻的思维狂欢中专注于互联网股票。人们有这样一种信念，即对股票的"感觉"比股票的前景更重要。随着股价持续走高，这种幻想开始自我实现。更多的投资者对互联网股票产生了情感，买入了这些股票，进一步推动了价格的上涨。罗伯特·希勒教授称这是自然发生的庞氏骗局，同非法的庞氏骗局一样，需要新人来维持更高的价格。当新的货币供应逐渐消失时，结果总是一样的。如今，焦虑的投资者要做的就是不要陷入狂热之中。

这场狂欢并没有停止。纳斯达克综合指数在1999年12月上涨22%，在2000年2月又上涨19%。这两个月的表现都远远超过该指数自1971年创建以来的平均年回报率。2000年3月10日，纳斯达克综合指数再创历史新高。在1999年上涨85.6%之后，该指数在2000年又增长了24.1%，按照这个速度，到2000年年底将增长一倍以上。2000年3月10日，该指数以5048.62点收盘，这是100个交易日以来的第49个历史高点。因为投资者们过于自信，认为去年的趋势会持续，这种想法显然很荒谬。3 月 10 日股价也再创新高。

雅虎、美国在线和零网等一些大公司早在几个月前就已经发出了警告信号。纳斯达克综合指数在 3 月 10 日达到顶峰时，雅虎的股价比其第 50 周高价低了 25.3%；美国在线的股价比第 52 周的高价低了 32.8%；零网公司这家试图通过免费提供互联网让美国在线出局的公司，股价比其第 52 周的高价低了 41.9%。亚马逊当时还只在卖书，但在所有卖东西的网站中，亚马逊创始人杰夫·贝佐斯的创意堪称典范。亚马逊是一个相对较老的公司，在 3 年前就已经上市了，其亏损程度与这时的互联网公司相当。3 月 10 日股价收于 66.88 美元，比上一年 12 月的最高水平低了 40.8%。

许多投资者终于意识到，这些公司的估值，至少是旧式的估值，如侧重传统衡量标准的市盈率和赢利能力，相较于目前的股价是不合理的。部分原因是，虽然有这么多新的网站开始销售商品，但传统零售商不会那么轻易让网站接管自己的业务。例如，流行服装连锁店盖璞（Gap）于 1997 年上线。而 1996 年，梅西百货的网站 Macys.com 最初只是个纯粹的信息网站。两年后，该网站重新上线，成为全面的销售网点。同样，1999 年年底，沃尔玛（Walmart）的网站进行了重新设计，这个全国最大的零售商在电商领域也有了一席之地。宠物超市（PetSmart）和宠物市场（Petco）也建立了自己的网站，和倒霉的 Pets.com 竞争。像博德斯书店和巴诺书店这样的线下图书经销商也建立了自己的网站，与亚马逊竞争。

不幸的是，这种竞争是双向的。亚马逊并没有垄断互联网图书销售，但其股东并不在乎亏损。事实上，一些亚马逊的股东更愿意在亏损的条件下争夺市场份额。因此，1999年5月17日，亚马逊宣布将畅销书的价格下调50%。于是，博德斯书店和巴诺书店也在几小时内进行了降价。《纽约时报》报道称，价格减半几乎必然导致这三家公司"在低价销售中赔钱"。投资者认为给最新畅销书降价是亏损的主要原因。杂货店也会降低牛奶或面包的价格来吸引顾客，但杂货店的顾客会购买几十种商品，能够弥补商店在任何单一商品上的损失。而最新畅销书往往是人们愿意购买的唯一书籍。按照这种情况，现在互联网零售商的赢利之路似乎比过去艰难得多，不确定性也大得多，而过去的机遇似乎足以确保赢利。

到2000年3月，互联网泡沫已经破裂，只是市场还不知道而已。那些刚刚上市、取了与互联网似有联系的新名字的公司推动了投资者的最后一搏，他们确信有人会以更高价格购买自己的股票。网络货车于1999年11月上市。在线体育用品零售商福格特公司（Fogdog）于12月以每股11美元的价格上市，市值达到4.68亿美元。在首次公开募股前的4个月，该公司的总收入还不到300万美元。新法公司的网站（Neoforma.com）合并了两项业务，一是向医疗保健提供商销售医疗设备和用品，该业务已有一大批强大的老牌竞争对手，二是类似eBay的二手医疗设备拍卖业务。该公司于2000年1月24日以每股13美元的价格上市，首日收盘价为52.38美元,涨幅超过300%。新法公司的总市值接近30亿美元,但首次公开募股前后两个月的总收入只有46万美元。而该公司的线下业务早在万维网出现之前就已获得了高收益。

2000年3月10日,纳斯达克综合指数创下历史新高。那天是周五,之后的周末并没有什么特别消息。然而,到了周一,纳斯达克综合指数开盘下跌3.4%。随后,价格又回升了一些,人们很容易觉得自己错过了早上价格下跌的买入机会。过去几年来,该指数没有下跌过几次。随着价格逐渐攀升至下跌前,一些人开始自责没有利用好这一机会。有些愚蠢的互联网公司在同样愚蠢的超级碗广告上浪费了一大笔钱,但还有许多其他公司承诺要改变世界。其中有些公司似乎真的能兑现诺言。2000年,大多数美国人开始使用互联网,这在很大程度上归功于美国在线和雅虎。虽然互联网还没有在广泛意义上改变世界,但肯定改变了一些人的生活。

有些公司也在改变。美国在线在2000年1月10日宣布,将以1820亿美元的股价收购时代华纳(Time Warner)。时代华纳旗下的标志性产业包括华纳兄弟(Warner Brothers)电影工作室、有线电视巨头美国有线电视新闻网(CNN)和《时代》杂志。1996年,《时代》杂志将马克·安德森(Marc Andreesen)作为封面人物,称其为"黄金极客"之一,由此将他介绍到美国。现在,这家了不起的新闻杂志,还有时代华纳的其他产业,都被一家公司收购了。1999年,亚马逊的收入翻了一番,超过了16亿美元。雅虎的营收为 5.92 亿美元，是上一年的两倍多，净利润为 4800 万美元。相比于上一年亏损的 1500 万美元，这一业绩令人赞叹不已；相比于所有其他根本不赚钱的互联网公司，这就更令人惊叹万分。当然了，问题是出在其他公司自己身上。纳斯达克综合指数周一、周二和周三分别下跌了 2.8%、4.1% 和 2.6%，但周四和周五出现反弹，一周仅下跌 5%。之后，好戏才真正开始上演。

焦虑的投资者会收到两条看似相互矛盾的建议。一是保持投资，避免出现规避心理（低价卖出的冲动）和处置效应（卖出可升值股票的冲动）。二是自律，这好像是在说，当股价升高时，不要贪婪，不要"把钱从桌子上拿走"。但其实以上观点是投资者对自律的错误定义。自律并不意味着假设自己能预测市场时机，而是意味着要理解那些可能降低投资回报的行为怪癖和行为偏差，在此基础上构建合理的投资组合，并不仅仅因为某种股票梦幻或醒目就购入。自律意味着要坚持自己的投资计划和投资组合，即使情况看起来很糟糕，也要继续为投资账户提供资金。

2000 年 3 月 19 日周日，投资杂志《巴伦周刊》（*Barron's*）发表了一篇由杰克·威洛比（Jack Willoughby）撰写的文章，介绍了许多互联网公司正在消耗的金钱数额。文章第一句话就是："互联网泡沫何时会破裂？"不是"是否"，而是"何时"。之后，威洛比对公开上市的互联网公司进行了深入研究，详细描述了"数十家"公司将如何在今年年底倒闭，或因其现金耗尽，或因其"在短期内几乎没有赢利的实际希望"。文章共研究了 207 家现金流为负的互联网公司,威洛比详细描述了其中74%的公司是如何失去筹集更多资金的渠道的。他解释了潜在的损害,因为"有几个迹象表明,股价'崩溃'的时代正迅速来临"。当公司专注于向消费者销售时,"投资者对'净股'的厌恶尤其普遍"。他以杂货快递公司豆荚公司(Peapod)为例,豆荚是网络货车的竞争对手,两家公司存在同样的问题。豆荚在当时没有赢利,亏损迅速,300万美元的现金资产"一个月内就可能空空如也"。

这篇文章有充分的数据支持,证据确凿,可以为投资者敲响警钟,让投资者更关注纳斯达克综合指数1999年85.6%的上涨,而不是1972年到1995年11.9%的年化收益,也不是1973年到1974年55.3%的综合损失。该文章提醒投资者,对某一特定风险的感受不能代替对风险的客观分析。文章还提醒投资者,无论自己有多么迷恋那些远在天边的企业家,他们都不是朋友、兄弟或者商业伙伴。

2000年3月20日周一开盘时,雅虎和美国在线等赢利的互联网公司的股价有所上涨。但大盘是由没有赢利的公司组成的,随着网络货车下跌7.9%,零网下跌14.7%,福格特下跌10.9%,纳斯达克综合指数下跌了3.9%。

纳斯达克综合指数3月收于4572.83点,较2月底仅下跌2.6%。尽管这波跌势将标准普尔500指数推低,比3月10日历史高位低了近10%,但考虑到之前12月和2月的表现,以及《巴伦周刊》的不详预测,这种波动是很正常的。

各个互联网企业存在如此多的风险,被指控行为不当只是时间问题。美国政府后来决定从其中风险最大的企业开始，起诉胡坦·梅拉米德和阿拉什-阿齐兹-戈沙尼操纵网络世界公司股价，窃取了36.4万美元。1998年5月，美国司法部和20个州政府起诉微软，指控比尔·盖茨的这家巨头公司滥用其作为电脑操作系统主要供应商的权力，迫使电脑制造商在新电脑上安装IE浏览器，目的是削弱网景公司的实力。尽管网景公司最终卖给了美国在线，起诉微软的案子仍在审理中。

1999年11月5日星期五，法官托马斯·彭菲尔德·杰克逊（Thomas Penfield Jackson）裁定，微软确实滥用了其垄断权力。杰克逊还表示，"微软将利用其巨大的市场力量和巨大的利润，抵制任何加剧与微软核心产品竞争的公司"。1911年，约翰·D.洛克菲勒的标准石油公司被拆分为33家不同的公司，因为他的反竞争行为引发了反垄断担忧。1999年年底，类似的命运似乎也在等待着微软，这个可能的残酷结果逼迫微软立即上诉，甚至在杰克逊做出最终裁决或施加任何惩罚之前就已上诉。

杰克逊法官在起草最初裁定时一直极为慷慨，但他也意识到，分拆微软需要花费数年时间，在法律和技术上都非常复杂，还会产生其他影响的深远、意想不到的后果。因此，在11月19日，他下令让双方进行调解，以达成"自愿和解"。尽管微软获得了谈判解决的机会，但到2000年3月底，该公司情况仍没有得到改善。有消息称，盖茨在诉说一些证词时表现尴尬，一些目击者称他"闪烁其词、反应迟钝"。《商业周刊》（BusinessWeek）报道称，这位微软联合创始人兼首席执行官的陈词表演无法令人信服，视频在法庭上播放时，法官甚至大声笑了出来。

2000年3月24日星期五的晚些时候，微软提出了最终和解方案，同意将IE浏览器从Windows操作系统中分离出来。考虑到微软的浏览器在用户数量上已经超过网景领航员浏览器，网景公司也已经被迫加入美国在线。政府相信微软一旦得到自己想要的，就会"抢劫银行"，保留"战利品"。政府律师对案子很有信心；杰克逊法官最初裁定微软滥用其市场力量，称为"事实发现"，这就意味着政府律师占了上风。上周末，就在杰克·威洛比在《巴伦周刊》上详细描述了投资者面临危险之后7天，政府认为微软出价"不够"。周一，微软股价开盘下跌3.5%，收盘时跌幅为6.8%。那一周，纳斯达克综合指数下跌了7.9%。

到下个周末，情况变得更糟了，有报纸报道，另一位负责调停政府和微软矛盾的法官认为"双方的分歧……根深蒂固，无法弥合"，打算不再尝试用谈判解决问题。现在只差杰克逊法官宣布裁决微软确实违反了反垄断法，应受到处罚。微软股价4月3日周一开盘下跌11.1%，收盘时跌幅为14.5%。纳斯达克综合指数下跌7.6%，已经比最近的高点低了16%以上。

2000年4月是个糟糕的月份。投资者开始意识到，就像杰克·威洛比在《巴伦周刊》中警告的那样，虽然主要受影响的是纯互联网股票，但巨头科技公司也难免受波及。2000年4月8日，《经济学人》杂志在其《垄断货币》专栏中发表了一篇关于互联网股票的文章，问道："股价能跌到多低？"这篇文章指出，纳斯达克综合指数的市盈率为62倍，这意味着投资者为该指数中所有公司每年每1美元的利润支付62美元。在1995年之前,这一比例"从未超过21"。按照这个标准,股价几乎是其应有水平的3倍。

纳斯达克综合指数在2000年4月12日进入熊市,当日跌幅超过7%,收盘时股价比一个月前创下的高点低了不止25%。该指数4月最终下跌了15.6%,是有史以来第五差的月份。个人电脑核心电脑芯片的生产商英特尔(Intel)当月下跌3.9%。网络硬件制造商思科在前一个月还是美国市值最高的公司,结果现在股价也下跌10.3%。

在这之后,纳斯达克综合指数在5月下跌11.9%,收盘时跌幅为32.6%。该指数中有些股票的情况要糟糕得多,雅虎和亚马逊分别下跌52.4%和54.7%。最新一批首次公开募股的公司,也就是那些仅利用互联网销售产品的公司表现得更糟:网络货车下降了80.3%;早在76天前刚刚上市的Pets.com已经下跌了81.0%;福格特下跌了83.5%(图2–1)。

当梦幻股票变成噩梦时,投资者该怎么办?2000年的春夏之交,一些投资者从愉快到恐惧再到恐慌,还有些进一步变成厌恶。很快,他们也开始质疑自己几个月前相信的每个人、每件事,之后来到循环的最后一步——相互指责。

市场崩盘引起的反感和指责并不是什么新鲜事。在过去,英国议会对南海公司的崩盘进行调查,追究责任,逮捕了该公司的董事,以免现成的替罪羊逃跑。最终,财政大臣和几位国会议员受到了指责,被开除公职。自1907年股市崩盘以来,几乎每场

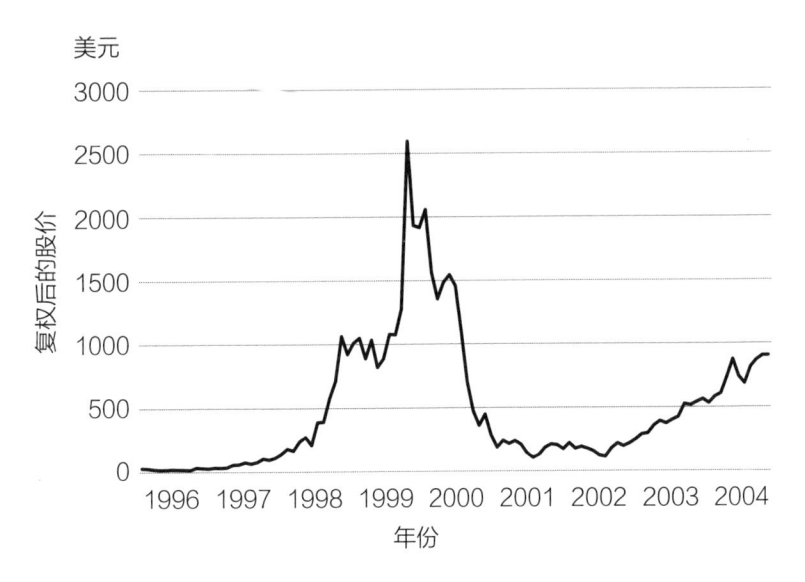

图 2-1　1996 年 4 月—2004 年 12 月雅虎股票价格

现代经济灾难或股市崩盘之后都要成立政府机构或任命政府委员会，出版一本厚重的方形书，记录调查结果并追究责任。美国证券交易委员会（Securities and Exchange Commission，SEC）是在 1929 年股市崩盘后成立的，目的是确保之后在崩盘中的指责具有法律效力。

即使是在 2000 年 4 月和 5 月这样残酷的熊市中，每个投资者也都有合乎逻辑的行为走向。虽然不可能有效地把握市场时机，但也可以减少亏损或推迟税收。在税收损失收割中，投资者以亏损的价格出售投资，可以抵消以赢利的价格出售其他投资时所获得的收益。利用其他投资的收益抵消损失的金额是有限的，投资者必须等 30 天之后才能回购同样的或 "基本相同" 的投资，但税收损失收割带来的好处是不可否认的。

确保投资组合适当多样化可以在减少投资风险的同时不减少投资回报。回顾自己过去如何做出投资决定、股票在抛售后的表现如何，都是很有效的办法。

库伯勒·罗斯提出的悲伤的第三个阶段是"讨价还价"，投资者现在正处于这个阶段。他们的状态还可以用另一个词来形容，那就是"希望"。"讨价还价"和"希望"对股票表现有相同的影响，那就是没有任何影响。许多交易者和投资者都做过"交易者的祈祷"："上帝啊，求您让我回本，这样我就能脱身了。"这就是锚定效应，与其他行为怪癖相比，锚定效应让交易者花的钱更多。

锚定效应是指人们在做决定时倾向依赖第一条信息或最重要的一条信息，不考虑其相关性。2000年夏天，即使股价大幅下跌，对许多投资者来说，自己所持互联网股票的锚定价格还是最初支付的价格。锚定价格不是股票现值的合理衡量标准，股票现值应该是股票交易时的价格。投资者的入场价格就好像过去赌场为赌徒提供的轮盘中奖数字一样，并不重要。

这并不是投资者（甚至是专业人士）第一次因锚定效应而被引入歧途。在对1987年罗伯特·希勒崩盘调查的回应中，37%的机构投资者表示，自己预计会出现股价复苏，因为价格下跌得"太快太多"。为什么这些专业的投资者会认为，比起本周价格，上周价格能更好地衡量股票价值？这就是典型的锚定效应。的确有一些受访者提到了长期价值，但只有不到14%的受访者表示，他们预计股市反弹的原因是价格本身过低。

为了证明锚定效应的影响,著名行为心理学家阿莫斯·特沃斯基和丹尼尔·卡尼曼(Daniel Kahneman)让测试对象观察实验者旋转一个标有 0~100 数字的轮子。然后,实验者让测试对象根据轮子所在的数值,估计联合国中非洲国家的百分比。显然,他们的起始数值,即轮子所在的随机数值,对正确答案并没有影响。但对于那些看到轮子停在 10 的人来说,联合国中非洲国家占比的中值是 25%;对于那些看到轮子停在 65 的人来说,中值是 45%。开始的数字就是测试对象的锚定,对他们的猜测有重大影响,尽管两者之间显然没有关系[截至 2021 年,联合国有 193 个成员国,其中 54 个(28%)属于非洲集团]。

2000 年春天,持有互联网股票的投资者也面临了同样的情况。他们的入市价格就是他们的锚定价格,与特沃斯基和卡尼曼的实验中转轮所停的数值类似。投资者看着股价从锚定价格下跌,但对每只股票价值的估计也只受到入市价格的影响。特别是那些在最高价买入的人,他们对股票价值的估计远高于当前的市场价格。

随着夏天到来,投资者将入市价格作为锚定价格的心理,以及他们与市场的讨价还价似乎发挥了作用。纳斯达克综合指数 6 月上涨近 17%,8 月仅下跌 5%,9 月涨幅略高于 11%。该指数又回到了 4200 以上,从理论上讲,已经不再属于熊市了。那些希望价格再多涨一点,或者需要价格再多涨一点才能实现自己祈祷的人,相信整个市场正站在他们这一边,朝着正确的方向前进。

然而，在股市的其他股票上涨时，互联网股票却并没有参与进来。尽管纳斯达克综合指数自 5 月底以来表现良好，雅虎却再次下跌 19.5%，美国在线上涨了不到 1%，网络货车下跌 54%，零网下跌 73%。至于 Pets.com，该公司的股价仅为每股 75 美分。2000 年 3 月，该公司还以每股 9 美元的价格成交了超过 1700 万股，但到了 9 月，该公司只交易了 230 万股。因此，就连那些喜欢抛售低价股票、寻求大众关注的场外交易人士，都对该公司的股票没有任何兴趣。所有处于库伯勒·罗斯第三阶段、与市场讨价还价的投资者都不会轻易放过互联网股票。

投资者可能会问，如果我们不能把握市场时机，这次反弹是否能证明锚定效应导致的拒绝抛售亏损股票是一件好事？如果能避免投资者在价格底部卖出股票，这种等待难道不是好事吗？虽然心理可能会受到折磨，但最终的结果不还是积极的吗？并不是这样的。首先，这种锚定效应会扭曲投资者的价值观念，让他们更难做出理性的决定。其次，注意力是一种有限的资源，任何消耗注意力而没有收益的行为都是一种浪费。最后，投资者需要采取行动，但这种思维惯性会妨碍他们采取最佳行动。几乎所有拥有 Pets.com 股票的投资者都有未实现损失，没有收割税收损失的投资者就错过了这个机会。还有些投资者犯了不同的错误，他们告诉自己要坚持下去，认为情况不会变得更糟。事实上，情况可能会变得更糟，股价可能跌至低于 75 美分。这种想法是处置效应的极端体现，到 10 月底，Pets.com 又跌了 33%，跌至每股 50 美分。

投资者在亏钱的时候是最疯狂的,当夏季短暂的上涨转为下跌时,他们损失了很多钱。纳斯达克综合指数9月下跌12.7%,10月下跌8%,11月下跌近23%。有些人还在坚持,有些人则开始抛售。那些仍在坚持、拒绝卖掉亏损股票的人,就像赛马场上的赌徒一样寻求风险,把剩下的所有钱都押在最后一场比赛中最有可能获胜的马身上。

投资者在获得收益时倾向规避风险,他们会选择获得确定收益,放弃获得更大收益的可能性。但遭受损失时,他们会寻求风险。如果承担某种风险能够让投资者回本,正如他们所祈祷的那样,他们就愿意放弃确定损失、承担遭受更大损失的风险。这就处置效应的关键。

特沃斯基和卡尼曼将这些相互矛盾的倾向称为前景理论,并比较了人类对特定前景和风险前景的反应。他们向学生和教职员工提出了一系列关于风险下决策的假设性问题,证明了这些完全符合人性的不同倾向的荒谬性。

首先,受试者要在两个选项中做出选择:①获得3000单位货币;②80%的机会获得4000单位货币,20%的机会获得0单位货币。第二个选项的数学"期望值"是3200单位货币,比第一个选项的数值大。然而,五分之四的受试者都选择了确定的、价值较低的第一个选项。在获利时,人们倾向规避风险,出售可能赢利的股票。

但是,当问及受试者是愿意损失3000单位货币,还是愿意接受80%的可能性损失4000单位货币,20%的可能性损失0单位货币时，他们都选择了第二个选项，尽管这个选项从数学期望来看较为糟糕。在亏损时，人们倾向寻求风险，往往会抓住亏损股票不放。

2000年秋天，互联网公司的投资者正在经历亏损，所以他们愿意寻求风险。在这种情况下，以75美分的价格持有Pets.com股票虽然并不明智，却是可以理解的。但最好的投资者不该成为这种倾向的牺牲品。

投资者感到害怕，有些公司也感到害怕。他们担心，在2000年最后几个月，人们会害怕任何与互联网相关的投资，不论业务的基本价值如何，这都会拉低他们的股价。当与互联网的关联推动股价上涨时，他们乐见其成，现在这种关联推动股价下跌，他们就想要退出了。因此，就像前几年一样，一些公司即使没有改变业务，也在名称中添加了".com"或".net"。现在，泡沫破灭，管理人员又将其公司名称中的".com"删除。5所大学的研究人员跟踪调查了61家上市公司，这些公司在2000年2月之后将名字从与互联网相关名称改为更为中立的名称。在更名前后的共60天里，这些公司的股价表现比互联网股票的指数高出64%。

在美联社（Associated Press）的一篇相关文章中，一位观察人士评论说："各个公司正在远离这种调调。"Internet.com公司的名字是最具有互联网意义的了，该公司也走了回头路。梅克勒媒体是一家专注于互联网业务的杂志和网站出版商，1998年，该公司更名为Internet.com。但在2001年，该公司再次更名为意思模糊的INT媒体集团，以避免受到互联网的影响。该公司的首席执行官兼创始人艾伦·麦克勒（Alan Meckler）坦率地谈到了第二次变动的原因，他说："这是针对金融界而做的粉饰。对于那些知情的人，也就是我们的客户来说，一切都没有改变。"这再次体现了"了解"和"知情"的重要性。

公司名称的改变是互联网股票受到抨击最明显的信号。2000年即将结束时，失宠的不仅仅是互联网股票。12月5日，英国小报《每日邮报》（*Daily Mail*）称："互联网可能只是昙花一现，数百万人将放弃使用。"这篇文章描述了为何数百万人会因互联网的局限性和连接成本而"放弃使用"。文章引用了一项研究，该研究声称电子邮件并没有取代其他交流方式，只是导致了信息过载。研究称，很多人对互联网的广泛影响并不感兴趣，而对互联网股票的影响更感兴趣，对他们来说，"网上购物的前途有限"。研究还暗示，有些用户对互联网感到无聊，还有些用户对互联网感到沮丧。花了这么多钱投资互联网股票，结果只有《华尔街日报》和一堆色情网站能持续赢利，这些人当然会对互联网感到沮丧。

2000年，纳斯达克综合指数收盘于2470.52点，全年损失39.3%，比3月10日的峰值损失51.1%。2001年9月11日之后，该指数继续下跌，股市的其他股票也跟着一起下跌。就像牛顿在一段时间之后才意识到自己的损失一样，投资者也在一段时间之后才意识到，网络货车和Pets.com不值得成为他们的梦幻股票。这段自我发现的时间比我们想象的要长。

2000年10月，在线体育用品零售商福格特被另一家在线体育用品零售商以 3840 万美元的价格收购。到 2000 年 12 月这笔交易完成时,在不到 13 个月的时间里,福格特的股价从每股 22 美元的高点跌到了 50 美分。2000 年 11 月,Pets.com 停止运营。2001 年 1 月,该公司清算了所剩无几的资产。Pets.com 上市的最后一天是 2001 年 1 月 18 日,收盘价为每股 12.5 美分。网络货车于 2001 年 6 月宣布破产,其作为上市公司的最后一个交易日是 2001 年 7 月 6 日,股价收于 6 美分。作为一家上市公司,网络货车已经坚持了一年半多,这段时间足足让它损失了 8.3 亿美元(见图 2-2)。

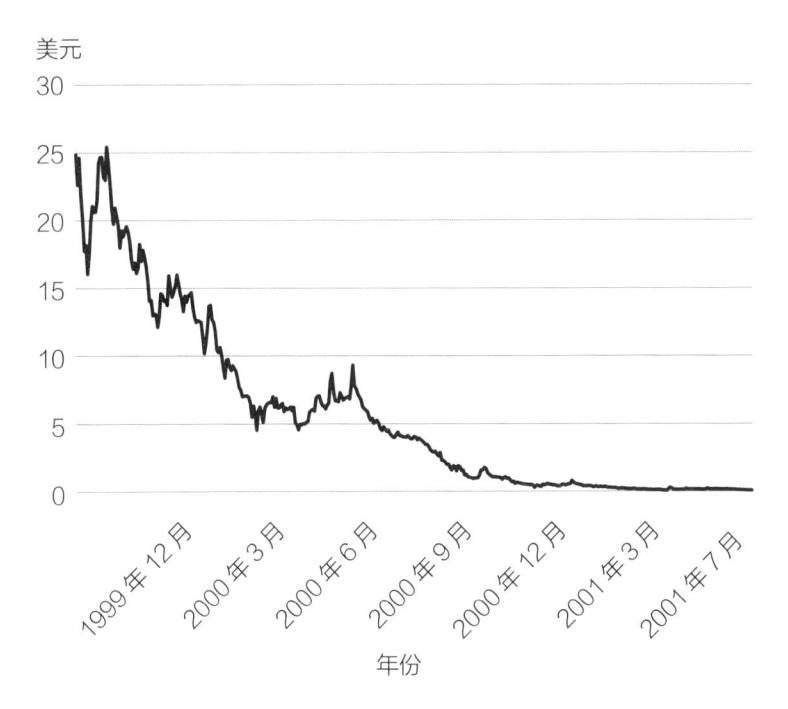

图 2-2　1999 年 11 月—2001 年 7 月网络货车股票价格

在经济泡沫时期，投资者对自己造成的伤害与经济崩盘时期一样严重。人们很容易认为，这次的情况确实有所不同，就像19世纪30年代英国铁路的投资者认为当时情况不同一样。情况很少会变得不同，对旅行者或互联网用户来说都是如此。而对投资者来说，情况永远都一样。

投资者被下一个新事物吸引是很正常的。回头看看那些曾经是新事物的旧东西：投资者会希望自己能在1986年大量购入微软股票，在2001年购入亚马逊股票，在2004年购入谷歌股票，在2007年推出iPhone时购入苹果股票。后视偏差让我们觉得，自己应该能够确定下一只热门股票，但这是错误的。我们忘了，到2001年6月，奔迈掌上电脑的股价仅为每股6.5美元，在2010年，该公司将以每股5.7美元的价格被全盘收购（见图2-3）。我们忘了其他那些飞得很高、摔得很惨的人，因为我们从来没有关注过他们，只把他们当作笑话。

我们总是在欺骗自己。不是故意为之，但这确实是真的。有时我们无法意识到危险，这也确实是真的。

可能你会认为，至少有一种行为偏差会对投资者有利。但正如我们在前一章所发现的，处置效应看似能避免贪婪，但事实并非如此，处置效应是有害的。我们在本章学习到，锚定为我们的价值评估建立了一个无效环境，并通过这个环境来愚弄我们。我们着迷于一种梦幻，幻想着杰出创始人的有趣公司，公司制造的新奇产品，还有他们的一些特别之处都能影响我们。不幸的是，这并不是真的。在下一章中，我们将研究人类最基本的欲望之

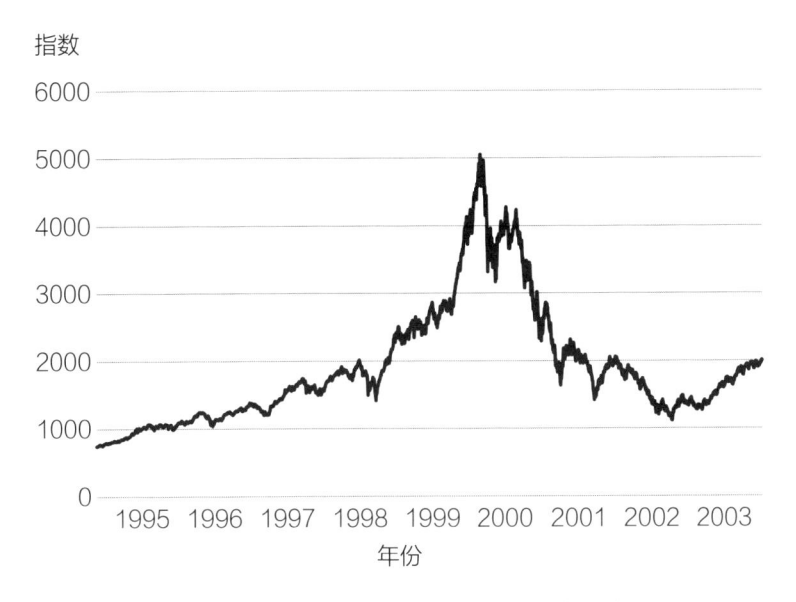

图 2-3　1995—2003 年纳斯达克综合指数

一：即使群体是错误的，也要成为群体的一部分。我们还将看到自己如何对坏消息做出过度反应，以至于我们会觉得，比起那些似乎不会犯错的股票投资组合，最近表现糟糕的股票投资组合可能更容易赢利。

第三章

复杂性

2008年9月15日星期一凌晨1点45分，美国投资银行雷曼兄弟（Lehman Brothers）申请破产。其债务清单上列了超过10万名个人和企业，总负债超过6130亿美元。这一数字是历史上第二大企业破产案世界通信（WorldCom）破产案的6倍之多。2002年7月，电信业巨头世界通信公司因欺诈破产，负债规模巨大。这一数字还是第三大企业破产案2001年安然（Enron）破产案的10倍之多。在雷曼兄弟的破产请愿书上，花旗集团（Citigroup）被列为最大的债权人，雷曼兄弟欠下的债务"约为1380亿美元"。雷曼兄弟破产规模巨大，整个过程的展开需要10多年的时间，支付给专业律师和看护人的费用超过20亿美元。

雷曼兄弟破产当天，美国股市下跌了近5%，收盘时比不到一年前的高点低了31%以上。在接下来的6个月里，投资者会发现股价还在下跌：在最终触底之前，还会再跌43%。整个下跌过程让人不适，美国股市在不到18个月的时间里市值缩水超过一半，其破坏性甚至超过了大萧条的初期。

美国经济陷入困境已经有一段时间了，不过这种困境一年多之后才在股市上体现出来。所有迹象都出现了，包括恶性、不稳定的房价上涨，这是由抵押担保证券和一种美其名曰"次级抵押贷款"的新型抵押贷款推动的。

自20世纪30年代推出30年期抵押贷款以来，抵押贷款市场在其后几十年间几乎没有什么变化。2000年之前，很少有贷款机构提供次级抵押贷款，而且几乎只有信用记录不佳的借款人才会选择这种贷款。在过去，次级抵押贷款是可耻且罕见的，但在21世纪的头10年，美国人痴迷于拥有住房的好处，痴迷于将次级抵押贷款组合成可出售资产的能力，次级抵押贷款也因此不再带有可耻的意味，变得更加普遍。

为应对互联网泡沫破裂和"9·11"恐怖袭击，美联储将利率降至接近零的水平，全球投资者不出所料地开始寻求比传统美国国债和债券更高的收益率。他们发现了抵押担保证券，将其抢购一空，结果数万亿美元注入了抵押贷款市场，数百万美国人拥有了住房。其结果是住房拥有率涨势惊人，从1920年低于50%，到1960年略高于60%，再到2005年达到69%的高峰。美国的房价也不出所料地上涨，从2000年年初到2006年7月见顶共攀升了84%，年复合增长率接近10%。

房价在2006年见顶，但投资者很容易认为随后的下跌幅度不大，因为在房价顶峰至2007年2月，房价仅下跌了1.1%。尽管下跌幅度很小，但问题几乎立刻显现。世界上最大的银行之一汇丰银行（HSBC）在2007年2月发布了关于抵押担保证券的警告。两个月后，最大的次级抵押贷款发行者之一的新世纪金融（New Century Financial）倒闭并申请破产，7200名员工因此失业，他们中的许多人大概已经无力偿还抵押贷款了。随后，2007年7月，投资银行贝尔斯登（Bear Stearns）向投资者承认，在他们公司的两个抵押担保对冲基金中，一个损失了6亿美元的投资，另一个损失了总投资的91%。尽管如此，2007年7月19日，在贝尔斯登承认破产的两天后，道琼斯指数首次收于14000点以上。

房屋抵押贷款对贷款人来说是一项很好的投资。抵押房产以确保偿还贷款，只要支付了足够的首付款，就几乎没有潜在损失。贷款就像购买债券；贷款方支付最初费用，随后每个月都能得到本金和利息的回报。一些机构投资者意识到了这一点，当他们意识到这种投资回报超过了任何风险高于政府国债的投资时，他们想知道是否能买到抵押贷款的利息。

这时，一个问题出现了。虽然大型养老基金和保险公司等大型机构投资者希望购买抵押贷款组合，但在20世纪80年代之前，他们是没有这种投资权限的，他们只能投资最高信用评级的证券，选择回报率较低的政府债券。

对银行来说，解决这个问题的办法是推出一个抵押贷款组合，将其分割成几个部分。第一部分是第一批收到本金和支付利息的，风险最小。第二部分是下一批收到本金和支付利息的。风险最大的部分是最后收到本金和支付利息的部分。与风险相匹配，第一部分，也就是风险最低的一部分，支付给所有者的利率也最低，但这个利率仍足以弥补任何额外的风险。第二部分支付的利率略高。最后一部分，也就是风险最高的一部分，支付的利率也最高。

第一批抵押贷款在1983年是这样分割的。标准普尔（Standard & Poor's）和穆迪投资者服务（Moody's Investors Service）等商业评级机构对风险最低的部分进行了评估，该部分获得了绝对安全评级，与美国国债的评级相同。这就为机构投资者解决了上述问题。他们现在可以购买这些风险最低的部分，享受投资带来的高回报。

抵押贷款市场进一步发展，不仅是因为抵押担保证券的持有者赚了更多钱，还是因为每个人都赚了更多钱。最初的贷款人在赚钱，购买抵押贷款的投资银行将贷款打包分割后进行出售，又赚取了巨额金钱。这促使他们购买更多的抵押贷款，也就是更多不同类型的抵押贷款。当所有优质借款人都已经被利用过后，银行推动贷款机构向信用较差的借款人发放抵押贷款。其结果是，那些能够获得房屋抵押贷款人的信誉从"绝对可靠"下滑到"次级"，再到"不怎么靠得住"。最后一种借款人在获得抵押贷款时甚至不需要提供就业和收入证据，这种贷款被委婉地称为次级抵押贷款，似乎只是略低于优质贷款的标准。不过实际上，次级抵押贷款通常都没什么价值。

投资者投资生物技术等产品极其复杂的公司，或投资同样复杂、难以理解的金融证券时，如何做出明智的决定呢？第一步是要避免行为偏差，比如不要仅仅因为公司、产品或创始人看上去十分梦幻，就去投资。第二步是避免第一章中提到的过度自信。具有讽刺意味的是，投资者投资难以理解的东西时，过度自信的程度往往最强的。

我们会讲到一些在2008年特别明显的新行为偏差。羊群效应可能是最有害的一种，投资者没有充分认识到现实情况，而是跟从那些没有细致洞察力的人，仅仅因为觉得自己似乎应该跟从大众。另一种普遍的行为偏差是对负面消息和意外消息的过度反应。当雷曼兄弟申请破产时,其规模是史上最大,是第二大破产案的6倍,人们似乎不可能对此有太大的反应,但投资者却的确反应过度,许多人也为此付出了代价。

在接下来的危机中幸存下来的投资银行,没有哪家受到的伤害比美林公司(Merrill Lynch)更大,正是这些投资银行拉开了这场混乱的序幕。美林公司拥有近百年的历史,该银行借给了贝尔斯登公司两只对冲基金4亿美元。在上述情况下,使用"对冲基金"这个词并不合适,因为在现在看来,这些基金并没有对冲。其中一只基金叫作"高评级结构性信贷策略基金",其姊妹基金则在名字中增加了"增强杠杆"四字。这两种基金的总体策略是先进行小额投资,再借一大笔额外资金。有了这些钱,该基金就可以购买抵押担保证券,因为其所得利息高于贷款成本。

但是贝尔斯登公司忽视了风险问题。如果抵押担保债券所包含的抵押贷款丧失了抵押品赎回权,抵押担保债券价格下跌,又会发生什么呢?这就是2007年年初美国房地产市场所发生的情况,汇丰银行早在几个月前就发出了第一次警告。因此,在2007年6月15日,美林公司没收了贝尔斯登对冲基金持有的4亿美元抵押担保证券。这4亿美元是美林公司提供贷款的抵押品。对于贝尔斯登是否决定平仓该基金的部分资产以降低风险,美林公司并没有等待,而是直接采取行动。不幸的是,这是美林公司唯一一次果断行动;该公司最终在抵押贷款危机中损失了超过 500 亿美元。还记得 1987 年股市崩盘后，许多投资者坚持对希勒教授说，他们曾预见过崩盘的到来，但实际交易记录证明他们并没有。同样，我们也很容易在回顾美林公司的积极行动和缺乏行动时带着后视偏差，猜测管理者到底想到了什么、没想到什么。但投资者不能沉溺于回顾，他们需要学到一个教训，那就是，当下一切都正在发生，他们不可能知道接下来会发生什么。投资者能做的最好的事情就是做当下最正确的事情，或者当下最符合逻辑的事情，这意味着要理解让我们做错误事情的行为偏见。

2007 年 7 月，道琼斯指数在中期略高于 14000 点，但随后一连串经济方面的坏消息仍在继续。美国国家金融服务公司（Countrywide Financial）是一家大型贷款机构，30 年前，该公司只向信誉最好的客户提供抵押贷款，但后来为追求市场份额而破坏了这一准则。事情进展得很缓慢且稳定，一开始很难察觉，直到国家金融服务公司发现自己利润下滑，警告股东公司之后还会遇到更多麻烦。8 月 1 日，贝尔斯登的两支对冲基金正式申请破产。贝尔斯登的副总裁因为这次惨败而被迫辞职，新任总裁觉得有必要给客户一个交代，让他们相信公司仍然有偿付能力。

2007 年 8 月 3 日，公众获悉美国就业人数近 4 年来首次下降。8 月 9 日，法国巴黎银行（BNP Paribas）暂停赎回旗下针对抵押贷款的对冲基金，原因是次级抵押贷款市场的"流动性完全消失"。一周后，令人失望的消息接连不断，道琼斯指数收盘时较 20 个交易日前触及的历史高点低逾 1150 点。8 月末，雷曼兄弟这家可以追溯到1844年的投资银行，宣布将关闭其零售抵押贷款子公司。同时，国家金融服务公司从商业银行巨头美国银行（Bank of America）那里接受了20亿美元的救命资金。美联储主席本·伯南克（Ben Bernanke）曾在哈佛大学和麻省理工学院接受教育，凭借研究大萧条的原因和应对措施而出名。在8月的最后一天，伯南克以毫不含糊的言辞警告说，次级抵押贷款投资者的问题将变得更糟。

在2007年劳动节周末过后，华尔街恢复工作，经济变坏的速度有所加快。9月5日，苹果公司宣布其价格最贵的iPhone将降价三分之一，股价随之下跌了5%以上。9月20日，贝尔斯登承认，对冲基金的失误严重影响了该银行本季度的整体业绩，利润下降了逾三分之二。10月1日，瑞士联合银行（UBS）宣布将减记其持有的34亿美元次级抵押贷款的价值，该消息对一家享誉于控制风险的金融机构而言是十分惊人的。4天后，美国老牌投资银行和股票经纪机构美林公司宣布，其投资组合中的次级抵押贷款价值下降了55亿美元。所有预见到问题到来的人都猜对了。

尽管出现了一连串的坏消息，股市却已在8月上半月的跌势中恢复过来，价格一路走高，证明了"股市不等于经济"这句格言。2007年10月9日，标准普尔500指数和道琼斯指数双双创下历史新高。这场表演令人印象深刻。

实际上，这些新高是情况太过糟糕造成的。当天早些时候，美联储公布了最近一次会议记录，会议决定超预期降低利率，因为"委员会一致认为这种大幅削减借贷成本是必要的,能够阻止信贷市场(包括抵押担保证券)出现问题"。反常的是,在听到不久要降低利率的消息后,很多投资者选择买入股票,因为抵押贷款市场的情况太糟糕了。

虽然知道股票投资组合的价值很容易,毕竟就连在1720年,牛顿都能知道南海公司股票一天两次的交易价格,但是,人们根本不可能知道曾经让汇丰银行、贝尔斯登、瑞士联合银行和美林公司栽倒的那种抵押担保证券投资组合的价值,就像房主不可能知道自己房子的确切价值一样。股市达到新历史高点后的第二天,投资银行高盛(Goldman Sachs)宣布,其价值超过720亿美元的7%资产被贴上了"三级"的标签,意味着这部分资产交易量很少,即使是最聪明的人也很难对其准确估值。这720亿美元中大部分是抵押担保证券,是这家投资巨头2007年年底资产负债表上股东权益总额的1.5倍多。

准确评估这些神秘的资产并不容易,所以,即使是同一家公司的银行家,对抵押担保证券的价值也可能有截然不同的估计。2007年10月《华尔街日报》报道称,在之前的3月份,房价下跌,抵押贷款拖欠率攀升,基金中的抵押担保证券也因此贬值。当某家公司的对冲基金经理意识到这一点后,他就会做低账面价值,声称自己"正在寻找能够合理出售证券的地方"。这是一种非常谨慎的做法,但基金总公司的其他经理也拥有同样的抵押担保证券,他们希望能够赋予这些债券更高估值。他们的动机并不纯粹。如果自己坚持乐观、合算的估值,那么同事的低额估值就会显得尴尬，估价谨慎的同事就会被扫地出门。

牛顿和其他卷入南海泡沫的投机者深深着迷于自己能精确地频繁为股票定价的新能力，下一步自然就是猜测股票的未来走势，从而引起了过度交易。互联网股票的投机者也做了同样的事情，许多人相信雅虎、美国在线、Pets.com、网络货车的股价都会上涨，甚至是已经倒闭的商业打印公司网络世界的股价也在上涨，因为互联网本身提供的即时价格传播将整个事件变成了一场电子游戏。2007年，市场透明度已经倒退了不少。高盛宣布其在2007年第三季度结束时拥有720亿美元的三级资产，但在当时，这些证券的交易量非常少，几乎无法估值。高盛的一位分析师指出，在美国交易所交易的所有证券中，"远少于一半"的证券是在与其竞争对手的公平交易中设定客观价格的。

在2008年和2009年，普通投资者面临的危机绝对是独一无二的。在他们看来，以前的股市崩盘和熊市都与股票价值有关。在1720年、20世纪20年代、20世纪70年代、1987年和2000年，投资者讨论的都是股票的价值。但这一次，讨论围绕的是抵押担保证券等不透明投资标的的价值，还有这些投资标的的晦涩难懂的衍生品的价值，比如信用违约互换和合成债务抵押债券。普通投资者因股价下跌而受到刺激，这引起的怪异行为进一步降低了他们的投资收益。在2007年10月这段时间存在一个可怕而危险的因素，那就是，在接下来的18个月里，普通投资者可能会多次以为股市已经跌到底了。消息已经够糟糕了，市场已经跌到不能再跌了，但其实这只是其中一个低点。坏消息还在继续，利率过低的时间太长，抵押担保证券就显得过于诱人。更重要的是，房价增长过快，而投资标的本身太难以捉摸，被掩盖在世界各地太多公司的资产负债表之下。与此同时，这些公司的领导人无法完全了解投资产品的风险，因此坏消息继续逐渐流出，市场也进一步下跌。

花旗集团就是其中的一个例子，不过是较为极端的例子。这家全球最大银行之一的母公司的股价被金融危机压垮，从2007年562.80美元的高点降到了2009年9.70美元的低点，损失了98%以上。花旗集团陷入困境的原因是过度自信，并且低估了不透明产品所涉及的风险。即使贝尔斯登针对抵押贷款的对冲基金破产，花旗集团仍认为，在其价值1000亿美元的抵押担保证券中，任何一种违约的可能性都"不到0.01%"。1000亿美元的0.01%不过是1000万美元罢了。另一位高管更加（过度）自信，声称花旗集团在其持有的抵押贷款上"永远不会损失一分钱"。但事实是，加上减记花旗集团所持抵押担保证券的价值，以及支付和解调查和诉讼的费用，它在抵押贷款业务上的总损失达到近500亿美元。

美林公司也同样认为，整个2007年一切如常。该公司不仅没有降低风险，反而常常夸大其词。2007年8月，该公司向印度尼西亚的一座新煤矿投入了大量资金，并签订了一项协议，购买了该矿前几年生产的所有煤炭。到9月底，美林公司又购买了一家德国保险公司的大量股份。

尽管警告的信号很明确，一切还是照常发生了。2007年，出于对抵押担保证券市场放缓的担忧，美林公司在增加风险投资的同时下调了花旗集团、雷曼兄弟和贝尔斯登的前景评级。雷曼兄弟也相应做出了转变，在月底下调了对美林公司等所有投资银行的收益预期。在 2007 年 10 月的第一周，美林公司宣布减记其持有的价值 55 亿美元的抵押担保证券。在 10 月的最后一周，美林公司又宣布，一切压力都由股东承担，员工得到了很好的照顾。美林公司的薪酬比率，即收入中用于支付工资、奖金和福利的比例，从行业标准的 49% 飙升至浮夸的 58%。

普通投资者要做的不是猜测下个月的股市走势。为什么呢？因为他们不可能猜得到。我们将在第四章了解到这是多么不可能。普通投资者要做的是假设市场会随着时间推移而增值，我们也将在第四章了解到这个假设有多么安全。同时，普通投资者还要选择适合自己年龄的投资方式，努力避免过度自信等行为怪癖和行为偏差，以免损害收益。

目前，投资者应该做的一件事就是对自己宽容一些。如果说 2008 年教会了我们什么的话，那就是许多在精英投资银行工作、出身显赫的高薪专业人士也几乎会在所有事情上出错。虽然看起来好像自己应该知道将要发生什么，但这只是你的大脑在捉弄你。如果你有一个适当分散的合理投资组合，就算情况看起来很糟糕，你也要坚持下去，不屈服行为怪癖和行为偏差，这样一来你就能做到最好。如果你没有在 2008 年或随后的熊市中做到这一点，那你就要确保自己下次能做到。关键在你自己，而不是你选的股票。

2007年10月10日，在创历史新高的第二天，标准普尔500指数下跌了2.68点，不到0.2%。这次下跌与次级或其他抵押贷款都无关。然而，波音公司（the Boeing Company）宣布，由于装配问题，其新型787梦想客机宽体商用飞机的发布将推迟6个月。铝材生产商美国铝业公司（Alcoa）公布的上季度业绩令人失望。能源巨头雪佛龙公司（Chevron）警告说，在炼油利润率的压力下，他们的利润受到了影响。2007年以来，股市仍上涨了10%多一点，这虽然不算惊人，但也算是可靠。尽管这些蓝筹股公司遇到了一些小问题，但根本问题还是抵押贷款和持有这些抵押贷款的银行，但相应的信号却淹没在噪声之中。这也是投资者应该放松自己、关注自己行为偏见的另一个原因。

抵押担保证券、贝尔斯登等金融公司使用的杠杆以及对主流股市的潜在影响，共同造成了这一全球性问题。我们知道，在当时的情况下，没有人了解这个问题的严重性。同时我们也知道，不能指望个人投资者了解这个问题的严重性。北岩银行（Northern Rock）是一家抵押贷款机构，总部位于英国北部。2007年10月，美国股市刚刚见顶，为了接管当时陷入困境的北岩银行，喜欢打破常规的英国企业家理查德·布兰森（Richard Branson）带头，与保险业巨头美国国际集团（AIG）等公司一起组建了一个联合公司。从这家联合公司的组成来看，一切都显而易见。美国国际集团表示，它正在考虑提供资金以扩大其抵押贷款业务敞口，这令人十分震惊，因为7月初，有人向美国国际集团的一位高管问及该公司现有的抵押贷款敞口时，他的回答是：

"我们基本没戏了。"

1997年，美国国际集团同意为一种全新的保险承保：银行贷款。该保险公司过分自信地认为自己了解承担的风险，了解自己承保的是什么，导致其最后承保了大批抵押贷款的损失。美国国际集团的错误与花旗集团那些过于自信的银行家所犯的错误一样。花旗集团和美国国际集团都认为不可能出现亏损，因为全国范围内的房价从未同时下跌过。某些地区的房价偶尔会出现系统性疲软，但从来没有全国同时出现过，因此美国国际集团承保的此类保险比其他公司都多：各种资产总额超过5000亿美元，抵押贷款超过780亿美元。但是，美国国际集团的天才们押错了。他们所冒的风险根植于这样一种观念，即房价和抵押贷款的价值同步下跌是不可能的。他们把整个公司都押上了。而现在，被保险人希望得到赔偿。

2007年7月27日，高盛集团要求美国国际集团支付18亿美元，因为美国国际集团愚蠢地承保了高盛集团的一系列住房抵押贷款保险。这是第一次有人要求美国国际集团兑现其承保的价值数百亿美元的抵押贷款保险。在之前，美国国际集团过度自信地认为，这种保险不会让自己损失一美元。高盛的索赔是如此出人意料，数额是如此之大，以至于美国国际集团的一位高管这样描述道："这太突然了，这该死的数字远远超出了我们的计划。"2007年9月11日，高盛要求美国国际集团再支付15亿美元。尽管公司本身在抵押贷款方面遇到了麻烦，美国国际集团还是在10月份同意参与布兰森拯救北岩银行的计划。这时，公共危机已经波及了汇丰银行、贝尔斯登、美林公司以及北岩银行本身。美国国际集团的想法看似难以捉摸，但其实只要我们记住这样一个道理就很容易理解了，那就是在市场行情好的时候，投资者非常善于关注发生的情况；在市场行情不好时，投资者又非常不善于关注发生的情况。而当时的行情对美国国际集团来说很糟糕。

投资者的注意力是一种有限的资源，市场下跌时，这种资源会变得更加稀缺。市场陷入困境时，许多投资者应对痛苦的办法就是在市场下跌后不登录自己的投资账户，好像只要自己看不到损失，损失就会消失似的。这是很幼稚的行为，研究人员称其为鸵鸟效应，因为危险来临时，这种笨拙的鸟类会把头埋进沙子里。鸵鸟似乎相信，只要我看不到危险，危险就不存在。

鸵鸟效应在很大程度上与这样一种想法有关：花费有限的注意力资源检查余额增加时的账户更让人愉快，检查余额下降时的账户就没有那么愉快——研究人员使用了"享乐"这个词。股市走高时，投资者只是看着自己的账户余额就会感到快乐，这种快乐远不如其屈从于处置效应，卖出获利股票时那么大，但也仍然是一种快乐。在这种情况下，会有许多行为偏差共同降低投资者的收益。有时投资者需要采取行动，比如将闲置资金投入运作、税收损失收割或重新协调投资组合以确保其足够多样化。但在这种情况下，他们往往不太会关注自己的投资组合。有时他们会犯你能想象到的最糟糕的错误，那就是在底部全部卖出，或者完全停止投资。贝尔斯登、雷曼兄弟、美国国际集团和美林公司的专业人士当然需要采取行动，以求减轻抵押担保证券投资组合带来的损失。但正如前景理论所解释的那样，每多损失一美元，痛苦就会多一分，现状偏好就会发挥作用。所以，就连华尔街上精明务实的交易员也拒绝采取行动。

有一项研究调查了10万个退休账户，研究显示，前一天大盘上涨时，投资者登录账户的可能性是大盘下跌时的两倍多，投资者交易的可能性会增加3倍，这可能是处置效应的再现。这种注意力的变化在每天、每周、每月都会发生。鸵鸟效应是一种稳定的个人特征，也就是说，投资者要么有鸵鸟效应，要么没有鸵鸟效应，不会在两者之间来回切换。对于美国国际集团的高管来说，如果他们愿意成为救助北岩银行的集团中的一员，获得更多的抵押贷款敞口，他们似乎就完全地表现出了鸵鸟效应。

什么样的投资者最有可能表现出鸵鸟效应？答案是男性和较富有的投资者。较富有的投资者可能更容易受到影响，因为他们投资的数额更大。男性倾向于在市场兴旺，即投资组合表现良好时给予较多关注，而在市场疲弱时给予较少关注，这肯定会助长他们的过度自信，从而导致过度交易等糟糕后果。这些"鸵鸟"倾向于低估风险，因为他们只有在股市走向上涨的时候才真正关注股市。

投资者注意力有限所造成的最大危害之处在于他们选择个人股票的方式。我们已经讨论过为何投资者倾向于关注那些总部设在自己家附近的股票，倾向于关注自己工作的行业运营的股票。但与此同时，投资者也往往喜欢净买入前一天交易量异常高或者股价变化异常大（无论是正的还是负的）的股票。对于大型折价经纪公司的一些个人投资者来说，购买前一天交易量最高大盘股的可能性是卖出这些股票的20倍，购买前一天回报率最高股票的可能性是卖出这些股票的3倍。投资者购买股票也只是因为这些公司前一天出现在了新闻中（回想一下网络货车的故事）。为了避免重复，该研究的作者还挖苦地指出："我们这里记录的注意力驱动购买模式并没有产生高回报。"

当一只股票出现在新闻中，或以其他方式吸引投资者注意时，投资者通常会做一些基本研究，许多人会最先使用谷歌搜索。这意味着谷歌的搜索量可以很好地反映一只股票在个人投资者中的关注度。一项使用2004年至2008年巴西股市数据的研究显示，当某一只股票的谷歌搜索量增加时，该股票在接下来的一周就会出现略微的负回报。测得的结果影响很小，但对于理解这一观点很重要。对于任何市场变动的消息，专业交易员都会立即采取行动，引起预期反弹，这一般出现在个人投资者听到看涨消息、转向谷歌、做出研究、决定交易、登录账户、执行交易等一系列操作之前。个人投资者常常在市场接近顶部时买入，然后看着自己新持有的股票价格下跌，而第一个买入的人以及容易受到处置效应影响的长期股东却早已获利。

吸引投资者注意、促使他们投资的不仅仅是令人瞠目的单日表现或异常成交量。在其他条件不变的情况下，公司在广告方面增加支出也会导致个人和机构投资者更多地购入该公司的股票。广告对许多企业来说都很有效，但有时购买广告是明显的浪费，正如2000年超级碗比赛中互联网公司的广告那样。广告支出总额当然不是衡量一家公司前景的可靠指标。

上市公司每年都要公布四次财务业绩。公布时间往往集中在季度结束后的几周，所以4月或7月中旬，通常会有大量重要的收益公告在几天内同时发布。其他一些公司的财务日历不同，公布时间也不同，通常是在8月或11月中旬发布，而且可能当天只有一家公司。我们知道投资者的注意力是有限的。当一家公司在某一天与众多其他公司同时发布财报时，就算公布的收益与股市预期截然不同，但与那些没有扎堆公布收益、收益同样超出预期的公司相比，市场的反应还是会小一些。同样的情况还取决于发布公告的时间在周几。例如，如果在周五发布收益公告，投资者可能正考虑其他事情，股价的反应就会较小。

在一个充斥着投资分析师和计算机算法的世界里，这些吸引注意力的手段可能并不会起作用，因为这些分析和算法可以在可投资证券的花名册上找到下一个隐藏的投资宝藏。但如果所有人都因成交量过大、价格大幅波动或电视广告宣传而听说了某一只股票，该股票拥有隐藏价值的可能性就微乎其微了。

标准普尔500指数2007年年底的回报率仅为3.5%，回吐了10月的大部分涨幅。但即便回报率很低，市场仍能坚持，这是很幸运的。圣诞节前一周，投资银行摩根士丹利（Morgan Stanley）向全世界公布，上一季度亏损36亿美元，这完全是其所拥有的94亿美元抵押贷款资产价值冲减导致的。这是摩根士丹利多年来首次公布季度亏损，甚至可追溯至互联网泡沫破裂之前。在2007年艰难结束之际，美林公司公布了唯一的好消息，该公司在圣诞节当天宣布，自己从外国投资者那里筹集了超过60亿美元的新资金。

标准普尔500指数在2008年的第一个交易日下跌1.4%，预示了接下来即将发生的事情。2007年以来，该指数收盘价一直没有上涨的迹象。然而，在当天收盘之前就已经有坏消息传来了。美林公司宣布，自己出售两家人寿保险公司给一家荷兰公司时被迫打了5000万美元的折扣。美林公司出售这两家公司是为了获得8亿美元的资本，因为美林公司的其他部门承诺要购入去年收购的印度尼西亚煤矿的全部产出。同日，有报道称，尽管美林公司上周已筹集到全部资金，该公司仍在与中东和亚洲的主权财富基金商谈另一笔巨额资金注入。有新报道称，美林公司试图在该周结束前从一家日本银行融资9.25亿美元。

但这还远远不够。2008年1月17日，美林公司公布了2007年第四季度的业绩，由于其所持抵押贷款价值冲减了167亿美元，该公司净亏损98亿美元。美林公司新任首席执行官约翰·塞恩（John Thain）保守地称这个结果"不可接受"。不久，美林公司宣布又从韩国和科威特的基金中筹集了50亿美元。该公司总共筹集了128亿美元，但这还不足以弥补自己在次级抵押贷款方面167亿美元的损失，次级抵押贷款无法以任何价格出售。仅仅截至2008年1月，全球所有银行与次级抵押贷款相关的总损失已经超过了1000亿美元。

所有投资银行似乎展开了一场竞赛。他们必须筹集更多资本，以弥补所拥有次级抵押贷款带来的损失。在其他金融产品利率较低的时候，银行很容易将抵押贷款打包出售，因为打包出售可以得到几个百分点的额外收益，也深受客户欢迎。现在，这些银行受困于这些打包好的贷款，之前的买家也希望能出售自己拥有的资产，但没有人愿意出价购买。近一年前，汇丰银行已经向世界警告次级抵押贷款的价值将下降；5个月前，法国巴黎银行也承认次级抵押贷款市场"流动性完全消失"。

银行在竞相筹集足够资金以保持偿付能力的同时，也面临着一系列来自所谓老练机构投资者的诉讼，这些机构投资者购买了银行兜售的抵押担保证券。当时，这些抵押担保证券有额外的利息，也有最安全的承诺，所以很容易就卖掉了，即使是那些完全不适合购买的人也没有幸免。马萨诸塞州斯普林菲尔德市作为篮球的发源地而闻名，该市的康涅狄格河畔生活着15万人。2007年春季，该市共购买了价值1400万美元的抵押担保证券。2008年1月中旬，该市警告美林公司说，准备就其所持抵押担保证券的全部亏损提起诉讼。斯普林菲尔德市的市民也是羊群中的一员，购买了自己并不了解的抵押担保证券。城市管理人员承认，他们不知道自己买的是什么，在购买之前也没有阅读说明书。他们当然在购买前没有阅读说明书，因为他们是在几个月后才收到说明书的。

普通投资者喜欢加入羊群之中。有些研究者表示，这是因为我们在面对不确定性时会不由自主地随大流。还有些研究者表示，仅仅是成为群体的一部分就会改变我们感知世界的方式，而这种改变强化了我们加入羊群的本能。当投资者选择模仿其他投资者的做法，而不是走自己的路时，市场就会出现羊群效应。他们这样做通常是因为觉得其他投资者更聪明、消息更灵通。有时候，加入羊群甚至会诱使人们无视规则。

每年，亚利桑那州石化森林国家公园都约有14吨石化木材被游客偷走。尽管每起盗窃事件都不大，但考虑到每年这里有近100万游客，损失加起来也不小。为了阻止这些盗窃行为，公园管理人员立起了告示牌，但心理学家怀疑这些告示也是导致盗窃行为的一部分原因。告示牌抱怨盗窃数量太多，但并没有指出其严重性，只是说盗窃"大多是一次丢失一小块"。也许正是这些告示让偷窃行为变得正常，暗示游客可以随意"加入群体"，可以随意拿走一小块石化木材。果然，当研究人员移除某条路上的所有告示牌后，该路上的盗窃案数量减少了三分之一。研究人员还设计了一种新的告示牌，没有提及盗窃数量，上面有普通的红圈反斜杠禁止标志，以及一只手在偷一块石化木头的图像。把原来让偷窃行为变得正常的告示牌换成这种新告示牌之后，盗窃数量下降了80%。可见，当人们不再是羊群中的一员时，盗窃行为就会减少。

同样的事情经常发生在投资者身上，他们中的许多人宁愿成为羊群中的一员，也不愿做正确的事，这很不可思议。当投资者随大流，羊群效应变得极端时，就会导致经济泡沫。随大流在短时间内有用，但长时间就没有用了，往往会导致惊人的不良后果。

人们需要被接纳为群体的一部分，即使群体是错误的，这种需要是交易中社会动态的一部分，尤其是在经济困难时期。一项研究调查了1997—1998年亚洲金融危机期间的韩国投资者，该研究表明，在危机爆发前独立行动的各个投资者在危机爆发后却突然开始相互模仿。这种现象导致了羊群效应和正反馈交易，表现差的股票价格更低，而表现好的股票价格更高。对那些行为独立的交易员（有些人也称为逆行交易者）来说，投资表现的差异十分显著。在危机期间，从1个月到6个月，逆行投资者每个月的投资表现都优于"羊群"的表现。他们一个月的超额回报率超过9%。行为独立可能很难，因为这会让人觉得不自在，但这样做的人会得到丰厚的回报。

大多数人宁愿成为羊群中的一员，投资表现不佳，也不愿意单独行动，收获显著的回报。我们是怎么知道这一点的呢？在另一项研究中，受试者5人一组，研究者从不同的角度向他们展示了相同的一对三维图形。每个受试者都要辨别这两个图形是否相同。同时，组里的每个人都可以看到其他人是如何回答的。这些答案显示在屏幕上，旁边附有受试者的名字和照片。为了让测试更加个性化，小组成员在一开始就向彼此做了介绍，在实际测试开始前还进行了友好的练习测试。

在测试过程中，每个受试者的大脑都接受了核磁共振扫描。但值得注意的是，每组中只有一个人是真正的受试者，其他成员都是演员，他们要在一半的时间里故意给出错误答案。当真正的受试者的答案与群体共识相冲突时，即使自己的答案是正确的，他们的核磁共振成像也显示其右侧杏仁核（大脑中负责调节情绪的部分）的活动增强。真正的受试者有27%的概率把正确答案改成其他人更喜欢的错误答案。在这种情况下，受试者并没有提出"他们为什么会做错"的理智问题，而是提出了"我是不是做错了"的情绪化疑问。成为群体一员的需求是很强大的，这种需求由情感驱动，而不是智力。这就解释了为什么牛顿会屈服于这种需求，解释了为什么这么多投资者在2000年的互联网股市中成了群体中的一员，解释了为什么这么多人在几年后买了他们买不起的房子。这些投资者的遭遇证明，随大流对股市收益是很不利的。

在熊市或股市崩盘的下行趋势中，独立思考的能力既难以掌握又至关重要，随大流的行为尤其危险。如果投资者整体都相信损失将继续，像一群椋鸟作为一个整体在天上飞一样，那么熊市或崩盘也将继续。处理信息的成本增加，从众的诱惑也会增加，就像股票价格下跌，我们集中注意力的能力就会减弱一样。

一群椋鸟同步俯冲或飞升称为"椋鸟群飞"现象，这种现象让人着迷。"椋鸟群飞"可以防止猎鹰等掠食者在成百上千的形状变换中辨认出它们。每只椋鸟个体只关注另外7只椋鸟的运动，正如一位研究人员所描述的那样，它们有着"在高度不确定的环境中，在信息有限、繁杂的情况下，保持群体凝聚力的非凡能力"。不幸的是，投资者的羊群效应没有提供这样的保护。

房地产泡沫本身是由一种羊群效应引起的，潜在购房者看到实际购房者后决定加入他们，认为他们已经完成了令人筋疲力尽的规划和预算工作，所以一定没问题。羊群中有些人买了自己买不起的房子，结果现在违约了。

许多交易员认为，一旦有某种趋势开始，就可以采用动量策略进入股市。动量策略只不过是另一种从众心理的说法，用模糊的学术语言做伪装，试图让其变得合理。

在一种情况下，从众行为是合乎逻辑的，至少对专业基金经理来说是这样。如果你付钱让别人替你投资，即使他们知道群体是错误的，也会有一种跟随群体的异常心理，就像在比较形状时接受核磁共振扫描的受试者一样。为什么会这样呢？如果你的基金经理按自己的想法投资，结果自己赔了钱，别人都在赚钱，你就会把错全归到他身上，把资产转移到其他地方。如果他在别人赔钱的时候赚了钱，你就会产生自我归因的偏见，倾向于称赞自己选对了经理，而经理只获得了部分功劳。但是，如果基金经理是羊群中的一员，在别人赔钱的时候赔钱，在别人赚钱的时候赚钱，他声誉受损的风险就会小一些。在这种情况下，一些基金经理将泡沫描述为"我不拥有就会被解雇的东西"。

2008年1月，投资者从众并没有带来丰厚的利润。标准普尔500指数当月下跌逾6%，在1月8日下跌近2%后，该指数较历史高位下跌逾10%，正式触及"回调"区域。一些投资者似乎明白了问题的严重性，但其中并不包括雷曼兄弟的管理层。在仅仅七个半月后，这家公司将不复存在。但在1月29日，这个可怕的1月即将结束时，雷曼兄弟决定提高股息，回购价值62.5亿美元的股票。

2008年2月的股市情况也并不好，美国国际集团的情况则更糟。标准普尔500指数再跌3.5%，这意味着该指数本年度以来已累计下跌逾9%。2月底，美国国际集团终于承认了大家都已知道的事实：该公司为银行组合的抵押贷款提供了损失保险，因它对自己在做的事情过于自信。美国国际集团终于坦然面对自己的问题，但负责承保所有这些保险的部门主管约瑟夫·卡萨诺（Joseph Cassano）认为该公司的负债只有12亿美元。美国国际集团的外部审计师认为问题要大得多，要求减记50亿美元。在准确计算实际减记价值后，美国国际集团在2月28日宣布减记超过110亿美元。该公司股价在2月的最后两天下跌了10%以上，在2月结束时比上一年的最高水平低35%。

标准普尔500指数在2008年3月仅小幅下跌，但一连串的消息还是让投资者大受打击。在2月的最后一天，美联储主席伯南克曾警告说，如果一些银行因危机而倒闭，他不会感到意外。3月初，各大银行接管了另一家针对抵押贷款的对冲基金资产，就像他们去年接管贝尔斯登旗下对冲基金的资产一样。几天后，花旗集团发表声明称对自己的资本水平感到满意。在这之后第二天，该公司股价下跌4.4%。该周晚些时候，贝尔斯登证实，他们仍在努力从一家中国银行获得急需的资金注入，不过他们被迫调整了条款。同一天，花旗集团宣布将关闭其在经济较弱地区的一些银行分支机构，尽管是在迫切需要削减开支的情况下采取这一举措的，但还是受到了欢迎。3月8日，有报道称，美国联邦调查局（FBI）正在调查次级贷款机构美国国家金融服务公司可能存在的证券欺诈行为。雷曼兄弟近日宣布将裁员5%，扭转最近大幅增加派息和回购股票的颓势。

3月11日周二，美联储将向金融业注入额外流动性，在该消息的推动下，股市上涨了近4%。第二天早上，好消息还在继续。贝尔斯登首席执行官艾伦·施瓦茨（Alan Schwartz）在电视上向投资者保证，他的公司运转正常，他"确信"公司在本季度已经实现了盈利。

就在这之后一天，贝尔斯登的律师来到了美国财政部，承认尽管施瓦茨再三保证，该公司仍处于可怕的财务困境之中。施瓦茨的公开保证、该公司的实际情况、与美国财政部的对话这三者几乎毫无关系。美国投资银行不会苟延残喘；在信贷充足的情况下，这些银行会从或好或坏的健康状态走向死亡。2008年，投资银行通过短期隔夜借款为其持续经营提供资金，这些借款必须每天持续不断。等到其他机构拒绝展期贷款时，这些银行就在一夜之间全倒闭了。对贝尔斯登这样陷入困境的银行来说，他们的命运就像海明威的小说《太阳照常升起》（*The Sun Also Rises*）中的人物一样，如果问他是如何破产的，他就会回答："先后有两种形式，先是慢慢出现问题，然后突然间就破产了。"

周末，贝尔斯登已承认破产，在美联储的协助下，被摩根大通集团（J. P. Morgan Chase & Co.）以低价收购。摩根大通是美国历史最悠久、规模最大的金融机构之一。美联储提供协助表明，其作为最后贷款人，愿意在必要时介入。当天，贝尔斯登虽然是美国仅有的五家投资银行之一，在这五家投资银行中规模最小，但股市对其倒闭的反应过于平淡，仅下跌了 1.6%。市场反应可能更多是针对美联储采取的非常规措施，而不是针对这一事件。

3 月 18 日，雷曼兄弟公布第四季度净利润为 4.89 亿美元，比预期高出 12.5%。该公司的故事发人深省，这个故事有关抵押担保证券市场价格的不透明，有关证券持有者评估证券价值的自由，还有关个人投资者试图从公司收益公告中收集市场信息的愚蠢行为。雷曼兄弟在 181 天内申请了破产。

3 月，雷曼兄弟承认自己可能会损失 2.5 亿美元，这个数字超过上个季度的一半，该公司几乎无法承担。该月，雷曼兄弟面临的坏消息还有更多，因为该公司在日本卷入了欺诈案，涉及伪造文件，还有为购买虚构医疗设备的医院融资。

在 3 月结束的那个周一，标准普尔 500 指数仅下跌 0.6%，反映了该月消息的反复。损失如此之小这一事实表明，交易员已经经历了信息过载的阶段。

就像注意力是有限的资源一样，浏览财务数据并做出明智选择的能力也是有限的。2008 年年初，各种可怕的新闻报道和严峻的财务数据铺天盖地，大多数投资者都不知所措。信息过载与鸵鸟效应和可得性偏差等问题有关，但也更容易缓解。有金融知识的投资者可以在市场平稳时养成良好的学习投资习惯，避免在崩盘或熊市期间信息过载。

可以想到，在信息过载的情况下，投资者在做决定时会更依赖经验法则和捷径，研究人员也将走捷径称为"启发法"。启发法是一种节省时间的有用方法，但也容易受到我们讨论过的许多行为偏差的影响。在信息过载的情况下，投资者尤其容易受到那些声音最大的人的影响，受到那些最受关注的股票的影响，因为这些股票往往交易量很大或波动很大。当投资者经历信息过载时，他们更有可能随波逐流，而不是自己做决定。即使自己的决定是正确的，他们也不太可能对自己的决定感到满意。出于这个原因，信息过多或过少都一样不利于决策。

在一项关于信息过载的研究中，测试对象面临着两种选择：他们可以从共同基金列表中为虚拟退休账户做出资产配置决定，也可以干脆将全部资金投入货币市场基金。货币市场基金几乎无风险，没有决策负担，但产生的回报非常少，对于退休账户来说是个糟糕的选择。所提供的共同基金包括各种资产类别和策略，研究人员提供了每种基金的策略和细节。每只基金的细节都借鉴了现实生活中的基金，因此代表着实际的产品，但为了避免任何偏见或偏好，名称都已更改。每个测试对象还完成了包含10个问题的测试，以评估他们的财务知识。

研究分两组，在一组试验中，测试对象只有6种共同基金可供选择；在另一组试验中，测试对象可以从多达60个选项中进行选择。即使只有6个选项，那些有很少金融知识的人也达到了信息超载的点，选择了货币市场基金的默认选项，其比例是财务知识渊博的人的10倍（20%∶2%）。虽然减少投资选项数量显著降低了测试中懂金融知识的人对信息过载的倾向，但对不懂金融知识的人来说，只提供6个选项几乎没有影响。这个结果令人沮丧。不管怎样，不懂金融知识的人都容易信息过载。

信息过载会对投资结果产生不利影响，因为它会导致投资者选择更容易的路径。他们倾向做最简单的选择，比如本研究中的货币市场基金。信息过载还会加剧现状偏好和惯性，这两种行为倾向都不可取。不过，这是很容易理解的。如果每天的新闻头条都是关于市场崩溃和银行倒闭的，投资者就会不知所措。避免信息过载的关键是增加财务知识。

提到财务知识，我们很容易想到分析复杂的财务报告。事实上，大多数投资者都可以学习一些基本概念来增加自己的财务知识。美国金融业监管局（FINRA）负责监管交易所和经纪公司，该部门提供了一项衡量金融知识的简单测试，一共有6道题。这些问题涉及复利、通货膨胀对储蓄的影响、利率变化与债券价格的关系、不同的抵押贷款以及多样化投资对假定风险的影响。这些问题都不算很难，但对于参加测试的一般人群来说，正确答案的平均数量只有3个。因此，对新手来说，增加财务知识的最好方法就是关注这些基本概念。关于这些概念的信息可随时在传统媒体或网上获得。那些想要增加自己财务知识的人最好少考虑当下最热门的股票，少考虑有魅力的首席执行官给自己带来了什么感受，多想想这些简单的概念。

2008年6月，道琼斯指数跌幅超过10%，为2002年9月以来跌幅最大的一次，当时该指数仍处在从互联网泡沫破裂和"9·11"恐怖袭击中恢复的阶段。6月初，标准普尔下调了大银行的信用评级。随后失业率跃升至5.5%，达到四年来的最高水平。9日,雷曼兄弟终于正视了现实,被迫提前公布了本季度的业绩,损失总计28亿美元,股价当日大跌8.7%,成交量超过1.68亿股,这让雷曼兄弟的股票成为纽约证券交易所最活跃的发行股之一。如果这种大幅的股价变动和巨大的交易量引起了投资者的注意,从而让他们买下了雷曼兄弟股票,他们一定会后悔的。雷曼兄弟股价当天收于29.48美元,之后的交易价还会更低。从阿拉巴马州蒙哥马利市一家杂货店起家的雷曼兄弟,在短短98天内就毁掉了其近165年的历史。

美林公司是另一家拥有骄人传统的美国投资银行,不过该银行最出名的可能是其零售股票经纪人的"惊群效应"。美林公司不仅在大萧条中幸存了下来,还改变了第二次世界大战后股票经纪人的格局,向他们支付了足够高的薪水,从而让他们无须通过操纵账户来赚取佣金。美林公司吸引的不仅有富人,还有普通投资者。20世纪50年代和60年代,这些投资者开始积累财富时,美林公司就将他们引入了华尔街。美林公司是第一批上市的投资银行之一,在20世纪80年代和90年代扩大了投资银行业务。在接下来的十年里,该银行继续推进,这一次它购买了抵押贷款,将其捆绑成证券,并将这些证券出售给渴求收益的投资者,成为从事这些业务的大型公司之一。

现在,2008年,美林公司仍在继续筹集资金,拼命出售资产,以保持其偿付能力,因为即使账面上的抵押贷款继续贬值,也无法出售。

整个次级抵押贷款危机在6月中旬微妙地从金融危机转向

了犯罪。联邦调查局打击了总计超过10亿美元的抵押贷款欺诈，在6月19日当天，逮捕了406名抵押贷款银行家和房地产开发商。在同一天，已经倒闭的贝尔斯登对冲基金的两名经理被逮捕，被指控称其试图通过谎报基金的财务状况来留住现有投资者，吸引新的投资者。就像英国国王乔治一世在南海公司倒闭后关闭港口，以防止责任人逃到欧洲大陆一样，所有人都开始相互指责，被逮捕的人一个接一个。截至6月底，道琼斯指数自2008年以来下跌了14%以上。在这个阶段，即使是最懂财务的人也很容易感到不知所措。

2008年8月之前倒闭的公司很难再做华尔街的支柱。贝尔斯登已经破产，被摩根大通收购。不过，贝尔斯登在投资银行中一直是处于弱势地位，在面临重大挑战时总是很脆弱。新世纪金融公司破产前只存在了12年，该公司的失败并不令人意外，因为它处于整个次级抵押贷款狂潮的中心。美国全国独立房贷公司简称印地麦克，不过该公司与印第安纳州或印第安纳波利斯州没有什么关系。该公司成立了20年，总部位于加利福尼亚州。作为次级抵押贷款的主要发行者，该公司曾在美国金融体系的边缘运作。7月11日该公司倒闭，这是有史以来最大的银行倒闭的新闻之一。尽管如此，股市还是随着这一消息反弹，因为这些消息都不算出人意料。道琼斯指数7月上涨不到1%，8月上涨近1.5%。

从2008年9月开始被卷入这场漩涡的各大公司是华尔街跳动的心脏。如果用倒闭公司数量来衡量一场金融灾难的严重程度，那么2008年9月倒闭公司的数量绝对无可比拟。

在大萧条期间，近四分之一的房主因丧失抵押品赎回权而失去了自己的房子。当然，被赶出住房对他们来说是毁灭性的打击，但这并没有解决银行的问题，也没有解决国家经济的问题。当时的银行资本有限，被迫利用了剩余资金，因此无法填补资金缺口，无法向房主或潜在房主提供贷款。在那个时代，唯一有资源放贷的实体是联邦政府。1938年，国会成立了联邦国民抵押贷款协会（Federal National Mortgage Association），很快获得了"房利美"（Fannie Mae）的绰号。银行提供房利美想要的那种抵押贷款，而房利美则反过来从银行手中购买这些抵押贷款，从而释放银行资本。该机构开始一直作为政府的一个分支运作，直到1968年剥离为一家私人公司，为股东所有，受联邦政府监管。

几十年来，房利美一直为两种人服务。第一种是期望自己投资的资本获得合理回报的股东。第二种是政府，人们一直认为是政府发明了房利美。似乎是为了强调这一点，房利美与其成立于1970年的姊妹企业——联邦住房贷款抵押公司"房地美"（Freddie Mac）均为政府支持企业（GSE）。房利美不仅由政府资助，而且受其监管，因此政府可以自由控制两家获政府支持的企业的商业行为。最初，政府通过实施一些常见和急需的抵押贷款发放要求来实现这一目标，比如禁止肤色歧视等。到了1995年，政府扩大了目标，帮助各地的中低收入家庭购买住房，甚至包括某些地区一些收入非常低的家庭。

2008年，政府支持企业拥有或担保了美国近一半的未偿还抵押贷款。2008年7月，房利美账面上有8430亿美元的抵押贷款，这一数字令人担忧。因为房利美只有390亿美元的资本，如果其抵押贷款组合的价值再下降5%，房利美就会破产。这并不是凭空捏造的，当时，全美房价指数较2006年的峰值已下跌逾10%，9%的独栋房屋抵押贷款处于止赎或至少逾期一个月的状态。2008年9月，房利美和房地美因房价下跌而陷入瘫痪。这两家公司规模庞大，没有偿付能力，对经济至关重要，但受制于政府。2008年9月5日星期五收盘后，财政部长亨利·保尔森（Henry Paulson）告诉房利美和房地美的领导层，联邦政府打算接管公司控制权。虽然保尔森称为"托管"，但实际上就是一种接管。

在崩盘和恐慌时期，投资者希望看到政府或美联储采取行动。1929年10月股市崩盘后，赫伯特·胡佛（Herbert Hoover）总统的政府在之后几天甚至几个月里都缺乏行动，导致崩盘影响大大加剧。保尔森采取了行动，很大幅的行动。周一开盘时，股市上涨了2.5%以上。无论如何，这都意味着崩盘的结束。道琼斯指数周二回吐了周一的全部涨幅，对于许多在过去避免了信息过载或鸵鸟效应的投资者来说，这次却再也无法避免这两种情况了。

周二股市下跌，因为有消息称，雷曼兄弟获救的最大希望只剩下达成交易了。上周四，雷曼兄弟宣布了大家都已知道的消息：该公司希望被收购。这家公司告诉全世界，自己只是流动性不足。也就是说，其资产价值大于所欠全部债务，只不过这些资产无法轻易出售。全世界都认为雷曼兄弟破产了，事实也的确如此。不管其流动性如何，其资产的价值都低于其所欠的全部债务。

现在就剩下让尸体倒地了。2008年9月15日星期一，雷曼兄弟正式申请破产。

美国银行也在同一天同意以500亿美元收购美林公司。尽管这一价格比美林公司2007年的最高市价低了77%，但这对美林公司来说还是一件好事，也让股市免于再次遭受大型公司破产的痛苦。美林公司连一周都很难再坚持下去，一直朝着破产加速前进，其破产的规模是雷曼兄弟破产规模的一半（见图3-1）。

图 3-1　2007—2008 年雷曼兄弟股价

标准普尔 500 指数周一下跌 4.7%，近三年来首次收于 1200 点以下。自 2007 年 10 月触及高点以来，该指数已下跌 23.8%，目前已正式进入熊市区域。当天，美国仅存的四家投资银行中有两家银行消失或被吞并。这一天见证了美国历史上最大的破产申请，还差点儿见证了更大的破产申请。投资者可能会对此过度反应。

美联储于 1913 年成立，该组织正是为了应对这样的时刻而成立的。在美联储成立之前，市场从恐慌到危机再到崩溃，除了摩根银行这样的私人银行，没有其他银行能够提供相应的资金和援助。美联储的目标一直是充当最后贷款人，在 20 世纪 30 年代经济崩盘后，美联储领导层一直明白美联储需要在市场中扮演的角色。1987 年 10 月，华尔街历史上最严重崩盘发生的第二天，刚刚上任的美联储主席艾伦·格林斯潘（Alan Greenspan）就做出了典范。他在一份简洁务实的内部通知中宣布，美联储有足够的资金，愿意提供所需的一切贷款。

艾伦·格林斯潘的继任者本·伯南克比任何人都更清楚应该如何正确应对金融危机。他在 1983 年写的学术论文中提到，在大萧条早期，"一些借款人（特别是家庭、农民和小公司）认为信贷十分昂贵、难以得到"，因此大萧条才如此严重，持续了如此长时间。

金融系统在 2007 年开始崩溃时，伯南克就知道缓解金融压力的方法是降低利率。因此，他在 18 个月内将重要的短期利率从 5.25% 下调至接近零的水平。这种下调幅度在将来可能还远远不够,尤其是如果人们一直不齐心协力将利率调至正常水平。但这也是投资者在随后的动荡中应该关注的问题,比如伊拉克入侵科威特、互联网泡沫破灭、金融体系崩溃、大型流行病肆虐等时候。如果美联储积极压低利率以缓解压力,他们的做法就是正确的。

投资者常常在崩盘和熊市时过度反应。即使在世界末日即将来临,怎么反应都不为过的时候,投资者还是能过度反应。2008年,随着雷曼兄弟破产和美林公司被收购,金融世界似乎即将迎来末日。公众对雷曼兄弟破产感到震惊是可以理解的。美国政府从来没有对陷入困境的大型金融机构置之不理。政府已打开支票簿,同意承担最初290亿美元的损失,以确保贝尔斯登被合理收购。对冲基金美国长期资本管理公司(Long-Term Capital Management)的总部位于美国康涅狄格州格林威治,1998年,该公司面临倒闭。在此期间,美国财政部策划了一场涉及多家全球投资银行的私营部门纾困行动。但现在,财政部长保尔森并没有向雷曼兄弟提供这样的支持。这就回答了投资者关于雷曼兄弟会怎样的问题,答案是该公司会倒闭,但同时,这也引发了更多关于其他银行的问题。如果另一家银行也倒闭,股市会发生什么?投资者的反应逐渐变得过度。

我们大多数人都对意想不到的戏剧性事件过度反应。这可能是一种进化参与的结果,毕竟在远古时代,我们对身体威胁做出极端反应几乎没有任何代价。但现在情况不一样了,过度反应并在底部卖出的投资者会付出真正的代价,那就是在市场不可避免地反弹时没有投资成本的机会。为了充分揭示人们在这些时刻的反应在数学上的非理性，我们需要穿越大西洋，回到250年前。

托马斯·贝叶斯（Thomas Bayes）是18世纪英国神学家和数学家。贝叶斯大部分职业生涯都在担任长老会的牧师，并对数学有一定涉猎。他一生中只发表过一篇关于数学的论文，不过其中数学和神学占的比例同样多。这篇论文对牛顿的微积分做出了辩护，抵挡了另一位神学家的攻击。贝叶斯晚年时把他的数学天赋用于研究概率，这是鲜为人知的。贝叶斯认识到，在试图为一个问题找到正确的解决方案时，比如我们在为现代股票市场正确定价时，每个新数据都应被适当地考虑，以便得到最可能的解决方案。他得出了基于初始条件和随后的相关信息来量化事件发生概率的数学公式。如果人们不断吸收新信息，赋予其适当的权重，这一公式就能理性地将人们带向正确答案。虽然贝叶斯定理无法帮我们算出一只股票的"正确"未来价值，但可以指导我们对新闻做出正确的反应。

举个例子，自1962年以来，标准普尔500指数每周上涨的可能性是56.3%，这就是基准利率。但利率的变化会对股票价格产生重大影响。随着利率上升，越来越多的投资者愿意做有把握的事情，而不太愿意在股市中冒险，所以股票的吸引力通常会下降。股市在任何一周内上涨的条件概率随着利率的上升而下降。贝叶斯定理告诉我们，如果10年期国债利率上升，那么标准普尔指数每周上涨的可能性只有55.2%。我们能够知道基本情况，即每周内56.3%的可能上涨。我们也能够知道对利率上涨消息的正确看法,即股市每周上涨的可能性略有下降。贝叶斯定理把投资者引向正确的方向,但投资者似乎不以为意。

投资者不以为意的原因之一是过度反应。虽然新数据至关重要,但基本情况或长期趋势更重要,比今天上午公布的上季度收益,或者利率小幅上升,甚至是一家投资银行倒闭的消息都更重要。无论如何,投资者都倾向关注最突出的信息,即使只是传闻,他们也会对其做出过度反应。根据贝叶斯定理,新的数据能够纠正我们的航向,但不知不觉中,过度反应会让我们抓住方向盘,让我们栽向阴沟。

在贝叶斯去世几个世纪之后,1977年6月,丹尼尔·卡尼曼和阿莫斯·特沃斯基也研究了过度反应的问题。美国军方曾向他们征求决策方面的建议,他们为此写了一篇论文,主题是"直觉判断和有根据的猜测"。他们在论文中指出,人类普遍对突发新闻或最大价格波动等即时信息考虑较多,对长期平均价格等数据考虑较少。股市投资者也同样如此,其结果就是对当天的新闻过度反应,甚至反应极其过度,而不考虑过去一个世纪的平均回报。卡尼曼和特沃斯基还指出,这些错误反应不是随机的,而是"系统性的",换句话说,是源于根深蒂固的偏见。有些人可能认为,受过培训教育的专业人士可以在决策时避免这种偏见,但卡尼曼和特沃斯基表明,专业人士和普通新手在决策时并没有什么不同,这一点令人沮丧。

金融市场中过度反应的最好例子就是,在某家公司宣布拆分股票后,股价和股价波动性都会有上升趋势。公司拆股时,会按现有股东所持股份的比例向他们发行新股。如果公司宣布按照1∶2的比例拆股，原本拥有100股的股东将再获得100股，即拆分后共拥有200股，而原本拥有500股的股东将拥有1000股。这样做的目的是降低每股的成本，以便让更多股东负担得起一轮100股的收购。如果股票总数翻了一倍，而公司的其他方面没有发生变化，那么每股的价格就该减半。就像把口袋里一张20美元的钞票换成两张10美元的一样，股票分拆对公司的总价值没有太大影响。然而，一项研究发现，公司宣布拆股后，第二天的涨幅比大盘高出2%。还有一项研究发现，拆股后股价波动增加了30%。拆股这种消息本应对公司的总价值毫无影响，但是投资者却会做出反应，甚至还会过度反应。

一天中，投资者不单单会对股票拆股做出过度反应。从某种角度来说，每天发生的各种交易都是投资者对花边小新闻过度反应的结果。正如约翰·梅纳德·凯恩斯在他1936年的著作《就业、利息和货币通论》（*The General Theory of Employment, Interest, and Money*）中所写的那样："现有投资利润的日常波动显然是短暂和不重要的，但往往会对市场产生完全过度，甚至是荒谬的影响。"换句话说，瞬时价格变化是对公司盈利能力短暂波动的过度反应。我们没法对每天发生的股票交易量做出很好的解释，所以只能用感官追求和过度反应对待交易。

投资者在较长的时间框架下也会过度反应。确定股票价值的其中一种方法是将股票产生的永续贴现现金流相加，我在第一章中也提到过这一点。尽管这个时间框架中存在"永恒"的概念，投资者仍然会对一系列令人失望的短期收益报告等事情过度反应，变得过于悲观。诺贝尔经济学奖得主理查德·塞勒（Richard Thaler）和沃纳·德邦特（Werner De Bondt）教授研究了 1926 年 1 月至 1982 年 12 月纽约证券交易所的所有普通股，该研究影响深远。他们计算了每只股票在三年期间的表现，然后分成了两个投资组合：赢者组合和输者组合。赢者组合包含三年期间表现最好的股票，输者组合包含三年期间表现最差的股票。之后他们计算了每个投资组合在接下来三年的表现。

输者组合中的股票曾被大幅压价。在挑选股票组成输者组合的前三年里，这些股票或者收益糟糕，或者以其他方式让投资者失望。无论怎么样，投资者都对这类消息过度反应，大大压低股票价格。随着这些股票失宠，投资者纷纷认输，股票的实际价值被压低。与此类似，赢家组合中的股票也曾被哄抬价格。在前三年里，这些股票的收益或收入的增长速度可能快于华尔街的预期。在此期间，过度推测收益的投资者将股价哄抬到了合理水平之上。我们是怎么知道投资者过度反应的呢？

因为输家组合中表现最差的股票在组合形成后的三年里平均收益高于大盘 19.6%。在此期间，赢家组合的表现比大盘低 5.0%，这意味着输家组合比赢家组合平均高出 24.6%。

过度反应甚至可以克服处置效应，处置效应让我们不愿意卖出收益较差的股票，因为我们希望这些股票会反弹。表现最差的股票往往最突出，只有当反弹的希望完全破灭时，处置效应才会让位给过度反应。

但真正的问题不在于投资者对精心分析的所有数据过度反应。问题在于，他们只对最新的、最引人注目的数据过度反应。尽管贝叶斯定理等方法可以帮助投资者理解反应的逻辑量级，但我们知道，贝叶斯提供的方法并不适用个人投资者对新消息或数据的实际反应。

根据卡尼曼和特沃斯基的观点，之所以会出现上述问题，是因为人们认为美国剩下的四家投资银行中有一家破产这种极端事件更有可能发生，甚至更正常，因为这种事件最近发生过，更容易让人回想起来。投资者越来越相信，这些极端事件就代表了所有可能性，仅仅因为这些事件最近发生过。许多影响投资者的行为偏差会相互渗透融合，尤其是在市场动荡期间。突显偏差和可得性偏差是一对姊妹，羊群效应和过度反应是导致股价过高或过低的另一对姊妹。前景理论和处置效应导致我们在处理得失问题时存在不合逻辑的差异性。后视偏差会助长过度自信，从而导致过度交易。

成功投资的关键在于保持明智投资，即使在困难时期也要如此。做到这一点的方法就是了解投资中的行为偏差，并在做决定时考虑到这些行为偏差，否则这些行为偏差就会不可避免地把你带向错误方向。

投资者在市场动荡期间容易受到可得性偏差的影响，他们会认为一家接一家投资银行倒闭、道琼斯指数单日下跌4.4%等情况十分正常，但实际情况并非如此。这意味着投资者开始相信，更糟糕的情况相对来说更有可能发生，但实际上，这种糟糕情况发生的可能性极低。道琼斯指数从1896年5月26日诞生到2021年年底，单日跌幅超过4.4%的情况只有118次，只占了所有交易日的0.35%，即一年都发生不了一次。普通的投资者会想："这是昨天发生过的，所以很正常。"但理性的投资者会想："昨天的确发生过，但这并不代表长期趋势，所以不能上当。"

不幸的是，大多数投资者都会上当。尽管他们总是坚决地说，希望看到股市回落，这样他们就能以低价购入好股票。但是，他们还是会在市场强劲时买入，在市场疲软时卖出，或者根本不投资。牛市时市场强劲，熊市时市场疲软，投资者在这两种股市中投资活动的差异有多大呢？一种衡量标准是该时期内股票型共同基金的净流入。从1960年年初到2020年年底，平均每月的净流入为现有资产的0.20%。这些是新投资的资金，不是已经出售的现有投资。净流入与市场波动无关。在牛市期间，这一数字增加到现有资产的0.23%，尽管价格更高，投资者仍加大购买量。既然投资者喜欢在股票型共同基金价格高时购入，人们可能会认为，当降价时再购入会让他们更加欣喜若狂。但在长达61年的熊市期间，股票型共同基金的月平均净流入却不到0.01%。价格高时的净流入是价格低时的25倍以上。股市投资者这整个群体在价格高时买入股票，在价格低时却只是站在一边，什么也不做。

在雷曼兄弟破产后的几个月里，过度反应的投资者似乎证明了自己的行为是正确的。从2008年9月底到2009年3月9日，在股市触底后，标准普尔500指数又下跌了42%。这段时间里，那些卖出股票的人可能对自己的选择感到欣慰,而那些没有卖出的人可能会感到后悔。

但正如上文中对共同基金流入和羊群效应的研究所表明的那样,投资者不会在价格顶部卖出,在价格底部买入。相反,他们会在价格下跌时卖出,在价格底部跟随大部分投资者一起卖出。在市场反弹之前,他们不会回购自己卖出的股票。

根据美国股票型共同基金的月度数据,在 2008 年下半年,投资者是股票型共同基金的净卖家,在 2009 年 1 月,他们还是小净买家,但在 2009 年 2 月和 3 月市场触底时,他们再次成为净卖家。其中有些投资者本应在 3 月 9 日的最低点抛售股票。但更重要的问题是,他们是什么时候回到股市的?我们知道,总的来说,他们在当年没有回购股票,因为 2009 年美国股票共同基金和基础广泛的交易所交易基金(ETF)双双出现净抛售。

2009 年结束时,标准普尔 500 指数全年涨幅超过 23%。因此,在 2 月或 3 月抛售股票的投资者错过了一次大规模上涨。他们过度反应,加入了羊群,觉得成为羊群中的一员所带来的安全感比赚钱更诱人。每个成年人在青少年时期都会为了成为群体的一员而做一些愚蠢的事情,只要他们记得当年的事,现在就可以认识到自己加入了羊群。

标准普尔 500 指数在 2009 年上涨了 23%,因此在 2009 年 12 月 31 日收盘时,该指数仅比雷曼兄弟申请破产当日收盘时的价格低了 6.5%。对股市来说,这整整 15 个月是一段漫长的往返旅程。

即使市场走势有时不合逻辑,但效率仍然很高。行为偏差总是对我们不利,因为我们是人。如果我们正确投资,就不会做很多交易,就没法从多次投资经验中吸取教训。但是,如果投资者将行为偏差误解成理性逻辑,他们就会汲取错误教训,比如把处置偏差误解成约束贪婪,把个别典型被误解成经验证据,把羊群效应误解成正确势头,或者被后视偏差愚弄。

缺乏经验的投资者犯错误的一个原因是,他们往往不清楚自己过去的表现,无法正确衡量自己与大盘相比可承担的风险。一项 2007 年的研究调查了 215 名投资者在过去四年中的投资表现,然后将各个答案与该投资者投资组合的实际表现进行了比较。这项研究的作者表示,这些投资者自我报告的业绩与其实际业绩之间的相关性"几乎为零"。换句话说,这些投资者并不清楚自己的投资在过去四年的实际表现。不出所料,他们倾向高估自己的投资表现。在接受调查的投资者中,十分之七的人认为自己获得了比实际高得多的回报。他们还认为自己比其他投资者做得更好,就像我们中的一些人认为自己更有可能拥有天才小孩,更不可能成为暴力犯罪的受害者一样。最后,这些投资者甚至过于自信地认为自己能够准确估计自己的投资表现,这让他们更加确信自己的猜测是正确的。

但事实并非如此。只有 61% 的人知道自己是赚了钱还是赔了钱,这个数字表明他们的猜测比随机猜测好不到哪里去。平均而言,投资者估计的年回报率会比实际高出 11.6% 以上。什么能缓解这种自我欺骗呢?那就是投资经验。那些有五年以上投资经验的人更善于估计自己以前的回报。正如我们所知，了解自己的表现对每个人都很重要，尤其是对气象学家、赛马手和投资者来说更是如此。

虽然好的投资者的交易频率相对较低，差的投资者的交易频率相对较高，但执行交易的过程比投资年限长短更能帮助这些测试对象成为更好的投资者。2009年的一项研究回顾了1995年至2003年期间130万名芬兰投资者的所有交易。研究结果很是惊人，如果有投资者在此期间额外进行了100笔交易，或大约每月进行了一笔交易，他们的投资回报就会每年增加约三分之一个百分点，屈服处置效应的倾向则会下降。如果研究人员将衡量标准从经验改为投资年限，这种投资进步就不存在了。时间是有一定帮助的，但也只能给我们一些教训。实践才能教会我们更多东西。

如何将这一结果与过度交易损害回报的数据相协调呢？似乎中间存在一个临界点，有时一点点交易就足够让我们参与其中，富有成效地教育我们，不过并不是以我们所期望的方式。这点交易并不是教会我们不同的订单类型，也不是教会我们如何分析一家公司最近的价格走势，或是其股价反弹的方式。相反，该研究的作者写道："这意味着，交易主要是让投资者学会了解自己的能力。"因此，一旦投资者能够了解自己的能力，了解自己被行为偏差影响的程度，他们就能成为更好的投资者，仅凭投资年限的积累是无法获得这一点的。

股市在2009年3月9日触底，标准普尔500指数收于

676.53 点，不及 2007 年上个高点的一半。该指数 2009 年收于 1115.10 点，反弹 23.5%，这一消息令人振奋，但仍未收复 2008 年的失地。反弹发生在 2013 年 1 月，直到 2013 年 3 月，标准普尔指数才再次创下历史新高。那些在 2009 年 2 月和 3 月随波逐流抛售股票的投资者需要数年时间才能恢复元气，之后才会再次投资股市（见图 3-2）。

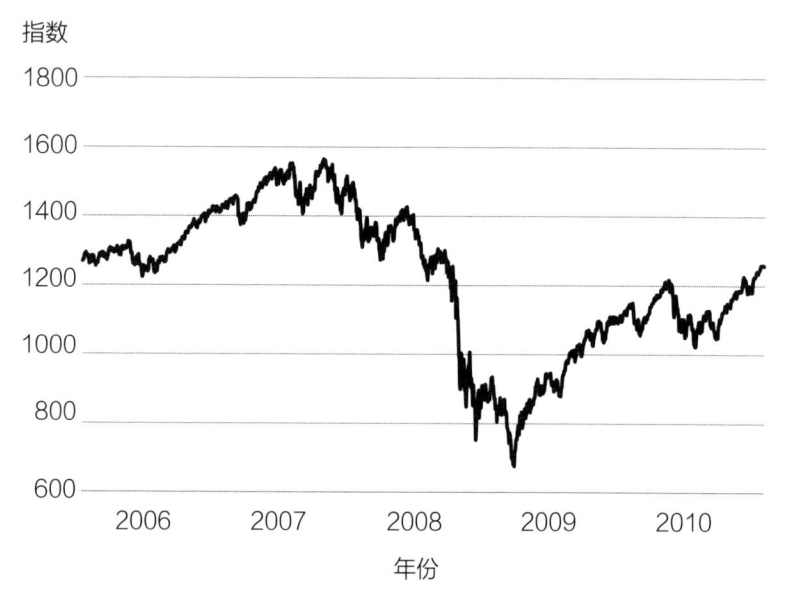

图 3-2 2006—2010 年标准普尔 500 指数

在这场我们称为"大衰退"的经济危机中，比 2009 年 2 月或 3 月抛售股票投资组合的投资者受到更大打击的，可能只有那些因丧失抵押品赎回权而失去房子的美国人，人数大概有 1000 万。随着房价下跌，他们所有的资产净值都消失了。随后，他们又陷入了丧失抵押品赎回权费用的困境，最后只能被迫在价格底部出售自己的房子，以终止损失。一些人随大流购买了自己负担不起的房子。还有一些人受到了抵押贷款机构的怂恿，这些机构在过去被竞争对手赶进了次级市场。他们还受到过度自信的影响，相信事情最终会解决。购房者和贷款人都受到大规模投资银行的进一步鼓励，认为抵押贷款只是扔进绞肉机里的又一块肉，只有这样，分期和评级抵押担保证券的香肠才能从另一端出来。这一切都得到了标准普尔和穆迪等评级公司的纵容，他们争相夺取利润丰厚的抵押担保证券评级业务，以便机构投资者购买。他们中许多人因为没有参与而被开除，这也因此造成了经济泡沫。

启发法，也就是我们经常使用的捷径或经验法则，在我们面对难题或信息过载时似乎特别有用。投资者在2008年和2009年头几个月所面临的环境就是如此。但是，启发法从来就不能提供"正确"的答案，而是提供"足够好"的答案，这个答案可以在信息过载时开辟一条路，剥离掉许多困难。但是，如果投资者出现了行为偏差，比如倾向购买新闻中出现过的股票，或者因过度自信导致过度交易，或者任由后视偏差让过去变得过于生动、太过显而易见，投资者就会犯错误。在对股票或交易所交易基金等投资标的进行分析后，投资者应该停下来审视一下自己和自己的决策。

"这只股票的市盈率很有吸引力，但让我有兴趣购买的是不是仅仅因为该股票上了新闻？"

"最近的价格走势真的能代表长期的价格走势吗？"

"我孤注一掷，是因为我想要回归收支平衡，还是因为我想要寻求投机的刺激感？"

"我是不是对自己挑选股票的能力过于自信了？"

"我是不是对某些意想不到的戏剧性事件过度反应了？"

"我对股票价值的估计是不掺杂任何情绪的严谨估计，还是受一种锚定函数的影响？"

等等。

投资并不难，但如果我们与自己作对，就很难做好投资。改善投资结果的最好方法可能不是查看资产负债表和股票走势图，而是进行个人反省，尤其是在感到焦虑、市场动荡的时候。

第四章

优化投资清单

那该怎么办呢？

崩盘和熊市不可避免。没有熊市发生的持续时间最长仅为不到11年，即2009年3月到2020年2月，后来新冠感染引发了一场短暂但糟糕的熊市。最短的熊市只有两年，即1966年9月到1968年11月。每个投资者都会经历几次熊市。

对股市崩盘的定义是很主观的，所以没有崩盘发生的次数有待商榷，但可以确定的是，股市至少暴跌了三次。1987年10月单日跌幅22%，2008年至2009年跌幅超过50%，还有2020年一个月内跌幅超过33%，这三次暴跌肯定都符合崩盘的定义。

在经历市场动荡时，最好的做法就是深吸一口气，牢记这样一条通常与医学实践相关的格言："首先，不伤害。"不管我们已经有多久没有经历过那种撕心裂肺、让人辗转难眠的市场动荡，有一件事是不变的：在下一次股市崩盘中，对你的投资组合而言，最危险的因素很可能就是你自己。

本书的前三章集中讨论了让你变危险的行为偏差。了解这些行为偏差是让你成为更好投资者的关键。这一点非常重要，所以本章为焦虑的投资者列出了一份清单，可以帮助你复习这些心理偏差，帮助你从自身出发，思考并战胜这些偏差。

但在此之前，让我们先思考两个基本问题，你需要提前备好答案，以配合新获得的心理能力。

问题一：什么是"正常"的股市？

问题二：股市表现"异常"时，哪种资产类别可能表现得最好？

在前面几章中，我们知道了很多有趣的事情。我们知道了世界上最聪明的人会有多蠢。我们知道了互联网企业家有多么聪明，他们可以把狗粮之类的普通东西重新包装，在首次公开募股中出售公司股票，让普通人争相购买；我们知道了两个23岁的青年是怎样以狡猾又极具天赋的方式犯下了重罪；我们还知道了，在住房市场和银行市场双双公开崩盘的情况下，投资者是如何对股市保持乐观的。接下来，我们要做的事情并不难，我们将要与一系列行为偏差作斗争。既然我们了解了其中的一些偏差，我们就可以想出克服它们的办法。

什么是正常？

某种情况发生在最近并不意味着这种情况就是正常的。事实上，如果你能记住发生过的某个事件，或者说你很容易想起某个事件，那么该事件就很可能不正常。这样的例子比比皆是，人们通常以"我永远不会忘记那天我在哪里……"开始回忆。不管你的记忆有多敏锐，一旦股市发生了任何戏剧性的事情，那么就肯定是不正常的。到底什么是正常呢？让我们来找出答案。比起为印象深刻的事件做计划，为正常情况做计划才是最好的方法。

如第三章所述，从1896年5月26日推出道琼斯指数，到2020年12月31日，共有33825个交易日。在这些日子里，有52.4%股市收盘上涨，47%股市收盘下跌。每年平均有1.5天（0.6%）道琼斯指数收盘保持不变。一年中平均只有13.5个交易日的收益比亏损多。日均亏损0.74%略高于日均收益0.72%（关于本部分所有道琼斯指数和标准普尔500指数的数据，值得注意的一点：除非另有说明，一般情况下是忽略股息的。这是一种标准做法，因为计入股息的历史指数数据是最近才出现的。如果我们把股息考虑在内，道琼斯指数和标准普尔指数的表现会偏好一些）。

股票市场的波动是很正常的，有涨就有跌，一般都是随机的。在各个方面，股市波动都是随机的。在这124年的时间里，任何一天的股市表现都无法反映出下一天的表现。这让那些自以为能预见明天的人感到困惑，对于那些基于势头进行交易或投资的人来说更是如此。那些随波逐流、根据近期价格走势推断未来表现的人常常付出了惨痛代价。尽管其中的逻辑关系显而易见，但我们是为何确信无法通过今天发生的事情预知明天的呢？我们之所以确信，是因为道琼斯指数前一天和后一天回报率之间的相关性在统计学上微不足道，只有0.014，几乎等同于0（一个系列的元素与同一系列间隔常数时间的其他元素之间的相关性的统计度量被称为自相关）。

相关性数值在1.00到-1.00之间。数值越高，两个元素朝同一方向运动的关系就越强；数值越低，两个元素朝相反方向运动的关系就越强；数值接近0意味着两个元素的运动毫不相关。

0.014 的相关性意味着两个元素之间几乎完全没有关系。月收益和年收益也是如此。上一个时间段的收益无法告诉我们下一个时间段的收益，就像轮盘上一个回合的结果不管是红色还是黑色，是奇数还是偶数，都无法告诉我们下一个回合可能会是什么结果。用近期收益推算未来收益是错误的。在泡沫时买入股票，过度自信地认为趋势将持续下去，你就很有可能是在价格顶部买入。当你成为羊群中的一员，这或许会让你感到舒适，但也可能让你面临更糟糕的情况，因为即使是最近股价飙升最夸张的一次，即 1999 年纳斯达克综合指数全年上涨了 85.6%，股市看起来似乎充满势头和相关性，但实际上每天的相关性统计指标也仅为 0.003，微不足道，毫无相关性可言。即使投资者确信自己能在股票走势图上看到后续势头，那也不过是海市蜃楼。

平均来看，每年盈利的天数比亏损的天数多了不到 14 天，平均净亏损比净盈利略高。因此，对投资者来说，成功与失败似乎就悬于一线之间。

虽然看不到后续势头，但这并不意味着股价不会随着时间的推移而上涨。但这种上涨是每年多几天盈利叠加的结果，而不是势头。

股市教会我们的最重要的一点就是，持有股票的时间越长，投资者的胜算就越大。从道琼斯指数推出的那一天到 2020 年的最后一个交易日，一共过去了 1491 个月。在此期间，有 870（58.4%）个月份以上涨收盘，621（41.6%）个月份以下跌收盘。因此，平均下来，一年中有 7 个月盈利，5 个月亏损。我们再次发现，道琼斯指数只有在少数时间段出现巨大涨幅，每年只有两个月。月平均收益略低于月平均损失,分别为 3.8% 和 3.9%,因此平均损失大于平均收益。

在截至 2020 年的 124 年间,道琼斯指数有 82 个年份(66.1%)是上涨的,42 个年份(33.9%)是下跌的。随着时间单位的延长,盈利时间段的占比增加,最终平均收益为 19.1%,大于 14.7% 的平均损失。

这就是正常的情况,同时也强调了一个关键因素:时间很重要。我们为投资感到焦虑时需要牢牢记住这一点。盈利的交易日只占 52.4%,盈利的月份占了 58.4%,盈利的年份占了 66.1%。自道琼斯指数创建以来,如果以 3 年为单位,有 73.0% 是盈利的,如果以 10 年为单位,有 82.6% 是盈利的,平均涨幅为 107.2%,平均跌幅仅为 16.7%(见图 4-1)。

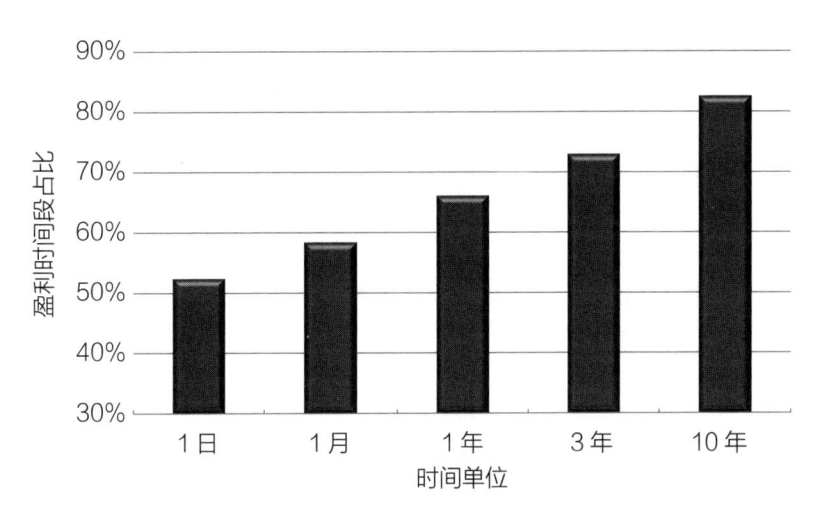

图 4-1 道琼斯指数盈利时间段的占比随着时间单位的延长而增加

随着时间单位变长，盈利的概率也会增加。即使某个较长时间段内出现净亏，其损失也往往不那么严重。从 2008 年到 2010 年的三年间，道琼斯指数下跌了 12.7%，这期间包括大萧条发生以来最严重的一次市场回调。但这段时间先后都发生了些什么呢？从 2005 年到 2007 年的三年间，道琼斯指数上涨了 23%；从 2011 年到 2013 年的三年间，道琼斯指数上涨了 43.2%。这 9 年的复合年回报率是 4.9%，并不算高，但考虑到这段时间发生了令人厌恶的崩盘，也不算低于平均水平太多。情况最好的十年是 1989 年到 1998 年，道琼斯指数上涨了 323.4%，而情况最差的十年是 1929 年到 1938 年，道琼斯指数下跌了 48.4%。在较长的时间段里盈利往往更多，即使这段时间中出现过糟糕局面。

现在我们来谈谈风险。风险是为获得额外回报所付出的代价，是随着时间推移，想让股价进一步增长所付出的代价，这就意味着你难免会经历令人心痛的崩盘。在市场混乱时喘口气的另一个原因就是要提醒自己这一点。风险通常是有好处的，有助于产生额外回报。你不必对风险感到兴奋，但你不能也不该完全避免风险。为什么呢？因为将同样的 1 美元投资于无风险的美国国债，产生的收益还不到投资道琼斯指数的一半（虽然 10 年期国债的价格会发生波动，但在发行时购买、持有直至到期的投资者实际上并不会承担任何风险）。

你不该完全避免风险的另一个原因是，时间一长，股票的回报会超过应得。这不仅仅是因为股票的回报高于债券，如果把股票的回报理解成不投资无风险资产（如美国国债）所承担额外风险的补偿，这部分补偿就甚至有点高得不合理。不考虑股息，道琼斯指数的年平均回报率为7.7%；同期，美国国债的年平均回报率为5.1%。股票承担着更大的风险，所以其回报更高就很容易理解。但从长期来看，股票的回报比美国国债高太多，两者之间的差距甚至大到难以解释。从1896年开始，平均每年的股票风险溢价即道琼斯指数的年回报率和十年期美国国债年回报率之间的差额是2.6%。如果把股息考虑在内，溢价会进一步增高。

为什么股票风险溢价如此之大，以至于道琼斯指数在其存在时间内的回报率是美国国债回报率的两倍多？对此存在好几种理论解释，没有定论，但其中有一种解释非常合理。它与损失规避相关，即在损失后感受到的不快比在获得相同数量的收益后感受到的快乐更大。出于这种心理偏差，投资者想要购买债券（额外需求的影响会提高债券当前价格，降低后续回报）、规避股票（同样会降低当前价格，提高后续回报），以求降低潜在损失，这是可以理解的。一旦我们承认损失规避是真实存在的，承认它会影响我们处理风险的方式，包括投资中的固有风险，那这一切就都说得通了。但正如行为经济学家什洛莫·贝纳茨（Shlomo Benartzi）和理查德·泰勒（Richard Thaler）在1993年一篇名为《短视损失规避和股票溢价之谜》（*Myopic Loss Aversion and the Equity Premium Puzzle*）的研究论文中推断的那样，当股市的亏损概率变得小得多时，投资者就不会利用长时间框架。相反，他们会构建并周期性重建自己的投资组合，仿佛他们的时间框架，即从投资到计划使用资金的时间比实际短得多。贝纳茨和泰勒将这种不匹配性称为"短视损失规避",我们讨厌损失,但在时间框架上的眼光却并不长远。

两人以多种方式研究了数据,通过参考历史上的股票风险溢价,逆向推导出投资者在构建投资组合时可能关注的时间框架。他们写道:"我们得到的答案都在一年左右。"这意味着作为一个群体,投资者的投资集中在一年的时间范围内,这导致他们的投资组合中投资股票的比例更小,没有投资的现金更多。他们没有考虑到投资股票不可否认的优势,没有考虑到投资一年以上的收益,也没有考虑到自己真正需要这笔钱的时间点。

甚至简单地看看股票和债券的回报也能证明这一点。自道琼斯指数推出以来,股市的平均年股息收益率约为4.1%。加上道琼斯指数7.7%的平均年回报率(注意,这还不包括股息),平均年总回报率约为11.8%。然而,同期10年期国债的平均年回报率仅为5.1%。还记得抛硬币打赌吗?麻省理工学院的经济学家保罗·萨缪尔森向同事提出抛硬币打赌,结果表明,同事在潜在回报达到200~250美元(成本的2.0~2.5倍)时,才愿意接受萨缪尔森的赌注。所以,每年2.31的股权风险溢价是完全合理的。

这告诉我们什么呢?这告诉我们,不要在合理的时间框架外创建或重建投资组合。投资者喜欢把年回报率当作分析和学习的出发点,这是很容易理解的。你的经纪报表很可能会帮你计算年回报率,一年这个时间间隔频繁出现,看起来似乎能产生一定影响,但是又没有那么频繁,似乎不会导致过度交易,也不会导致追求感官刺激。但投资组合不应该只关注年回报率，而应该从投资开始到需要用钱为止持续关注回报。对于一个30岁的人来说，需要用钱的时候肯定不是他们31岁的时候。那么我们该怎么做呢？

时间显然是成功投资的关键，即使是更高的回报也不能弥补错过的时间。以5%的复利计算10年的回报率，其结果仍略高于以10%计算5年的回报率（62.9%比61.0%）。你需要在了解自己实际时间框架的情况下继续投资，而不要随意人为地设定一个时间框架。

总有人觉得有些投资者能够成功把握市场时机，这种冲动强烈得不可思议。但我们为此已经付出了很多努力，做了很多计算，如果真的能够把握市场，早就该有人做到了。有几家对冲基金看似把握了市场时机，但这些对冲基金的能力有一定限制，只有在资金有限的情况下它们的策略才会有效。此外，这些策略非常复杂，执行起来成本很高，似乎还利用了投资者的行为偏差，而并没有利用股市中某些潜在的低效率。相信我们作为个人投资者可以赢过市场的冲动是很强烈的，但这种冲动是由过度自信、后视偏差和欲望所推动的。我们往往无法打赢市场，只能不断犯错，甚至连市场的历史收益都无法达到。

只有理解什么是正常的市场情况，投资才能收获最好的结果，投资结果也会随着持有时间的增加而显著改善。这能让投资者明白自己应该怎样做：基于市场的正常情况，坚持投资，制定较长的持有期。不应该做的事是：如果你难以承受20%的损失，那就不要把你明年肯定需要用到的钱投资到股票市场中。

股票的收益高于投资者所承担的风险，虽然股市正常并不意味着肯定能获益，但这确实能让你有一定优势。

怎样做会有效？

分散投资不仅能降低风险，还能随着时间的推移增加收益。然而，许多投资者还是一意孤行。

我们已经看到道琼斯指数的回报率比美国国债高多少，这是美国国债提供短期安全性的结果。因此，在类似道琼斯指数的投资组合中加入增长较慢的美国国债，看起来似乎只会拖累这个投资组合。但这两种股票加在一起产生的回报甚至比道琼斯指数单独产生的回报还要高。如果将 1 美元投资到由 70% 道琼斯指数和 30% 美国国债组成的投资组合（70/30 投资组合），从道琼斯指数创立到 2020 年年底，这 1 美元将增长至 995.37 美元。这里的重点是要分散投资，而不是某个精确的比例。如果投资由 60% 道琼斯指数和 40% 美国国债组成的投资组合，那么这 1 美元将增长到 991.78 美元。（见图 4-2 和表 4-1）

分散投资不仅能产生更好的回报，还能降低风险。单是道琼斯指数的波动性就比由 60% 股票和 40% 美国国债组成的投资组合高出 65%。学者认为这种波动性是衡量风险的最佳方法。

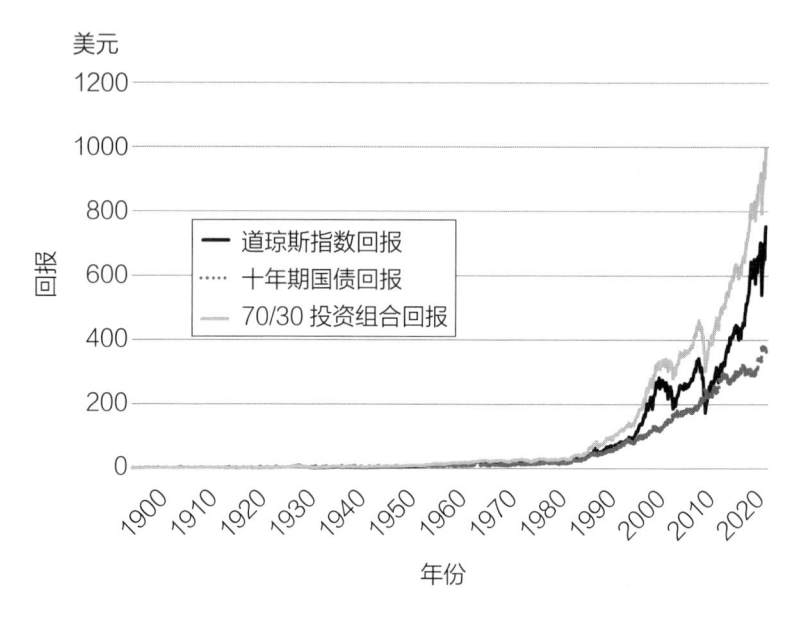

图 4-2 分散投资是关键：70% 道琼斯指数和 30% 美国国债的投资组合回报

表 4-1 各类投资组合的回报

投资组合	道琼斯指数	标准普尔500指数	罗素2000指数	10年期国债	70/30投资组合	房地产
1988年以来复合年收益率	8.7%	8.6%	8.8%	6.6%	8.4%	3.8%
年风险	14.4%	14.5%	19.1%	6.1%	9.9%	2.2%
年平均夏普比率	0.76	0.87	0.59	0.68	0.88	0.81

注：夏普比率是衡量风险调整后收益的指标，衡量的是每个单位风险产生的回报。比率越高，股票表现越好。

资产类别与熊市

在熊市或其他更常见的市场动荡时期，我们总会思考一个问题：某些资产的表现是否优于其他资产的表现？

我们拥有最近的四场美国熊市中一系列资产类型的良好数据，包括 1990 年夏天那场短暂而温和的熊市、2000 年 3 月开始的持续时间较长的那场熊市、2007 年 10 月开始的那场可怕的房地产泡沫破裂熊市以及 2020 年 2 月新冠感染导致的恶性但短暂的全国性危机。我将关注的资产类型包括：①道琼斯指数表示的美国大型公司；②构成标准普尔 500 指数的大盘股；③构成罗素 2000 指数的小盘股；④ 10 年期国债；⑤标准普尔/凯斯—希勒美国房价指数表示的房地产。投资房地产通常会遇到其他资产类型不会遇到的麻烦（不是每个人都想当房东），但由于房子是大多数美国人拥有的最大资产，我也将房地产纳入了分析。我将逐一研究这五种类型资产类型在上述四场熊市之前和期间的表现（见图 4-3）。

你可能会对风险投资基金和对冲基金等另类且流动性差的资产类型感到好奇。对于拥有庞大投资组合、需要在主流投资之外获得敞口的机构来说，这些投资标的可能很重要，但对个人投资者来说就没什么必要了。我们常常听说，有些著名运动员和艺人赚了一大笔钱，结果后来还破产了，原因通常不是挥霍，就是进行了流动性差的高成本、非常规投资。他们的故事从来都不包括有计划的投资，尤其不会选择那些由优质股票、低成本跟踪大盘

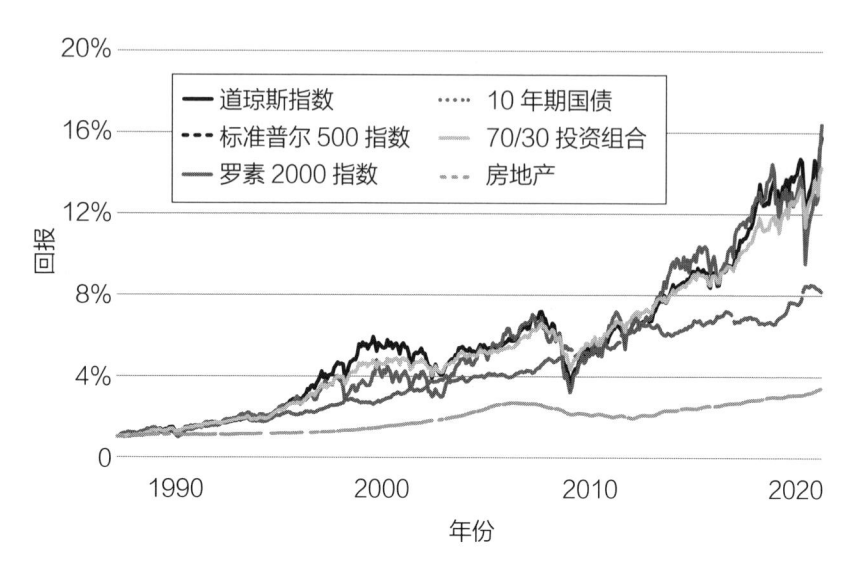

图 4-3 1998—2020 年主要资产类型回报

的交易所交易基金和多样化债券组成的主流投资组合。我们需要从中吸取教训。

1990 年

1990 年 8 月，伊拉克入侵邻国科威特，让美国人措手不及。十万人组成的伊拉克军队的四个师，从南部边境涌入科威特。科威特是一个只有不到两万名现役士兵的小国。

前几个月，伊拉克一直抱怨科威特偷了自己的石油，现在看来，伊拉克正表达自己的不满。美国原油价格从 1990 年 7 月的每桶 20 美元，上涨到 9 月的每桶 40 美元，乔治·H. W. 布什（George H. W. Bush）总统下令实施名为"沙漠盾牌"的防御性军事行动，目的是确保伊拉克不会试图入侵沙特阿拉伯。这一冲击导致 7 月份开始了一场短暂熊市，仅持续了 3 个月。

道琼斯指数在 1990 年 7 月中旬见顶，在 7 月剩下的时间里，该指数波动不大，跟往年盛夏股市情况没什么两样。在入侵消息传出后，道琼斯指数在接下来的三天里下跌了 6.3%，到 10 月共下降了 21%。对机构投资者来说，道琼斯指数成分股通常是第一批被抛售的股票，因为这类股票流动性最大。可以预料，标准普尔 500 指数的表现也与道琼斯指数类似，不过最低点时仅下跌了 19.9%。

1991 年 1 月 16 日，数月的外交努力失败了，美国只得将中东的军事行动从"沙漠盾牌"变成"沙漠风暴"。2 月 28 日，伊拉克从科威特撤军，战争走向尾声。4 月 7 日，伊拉克顺从地接受了联合国安理会决议的无情条款。该条款要求伊拉克赔偿科威特被占领 7 个月期间所遭受的损失。随着对持久战和滥用化学武器的恐惧逐渐消退，道琼斯指数在短短 9 个月内恢复到了下跌前价格，标准普尔 500 指数也在 7 个月内恢复。

在 1990 年的熊市中，罗素 2000 指数中小盘股的经历最为艰难。该指数在 1989 年 10 月达到顶峰，之后略微下降，到了 7 月才真正和所有其他股票一起崩溃。从顶峰到低谷，罗素 2000 指数在 1989 年 10 月至 1991 年 10 月的熊市中下跌了 34.3%。有人认为，与道琼斯指数和标准普尔指数相比，罗素 2000 指数中小盘股受到的影响因素不同。但是，即使小盘股的国际贸易敞口较小，也难以应对长期低迷的局面。在 1990 年，贸易敞口再小都没有用，我们自以为某些特定资产能够应对某些特定事件，但其实大部分都是错的。小盘股可以使投资组合多样化，但如果你只买那些能吸引你注意力的股票，那就没什么用了。

分散投资的真正优势体现在 10 年期美国国债的表现上，在这一时期，我们通常将其作为债券的代表。在道琼斯指数和标准普尔指数的熊市期间，投资者会为其资金寻找安全避风港，因此 10 年期国债上涨了 4.7%。这就是分散投资的运作方式，虽然分散投资组合的总价值下降，但由于国债的存在，其跌幅可能要小一些。尽管道琼斯指数在一年中仅有 13.5 个交易日有所上涨，但其在过去一段时间内涨幅太大，即使小幅回落，股价仍高于此前水平，并在此基础上不断上涨。分散投资于美国国债等固定收益标的，只是从另一个角度实现了上述情况。

房子通常是投资者拥有的最大资产。房地产不该像股票和债券那样被视为一种投资，一是因为你必须有地方住，二是因为住房往往缺乏流动性，但其对投资者来说仍然很重要。房价在 1990 年 7 月触顶，在 1991 年 3 月触底，因为此时战争结果已经确定，伊拉克同意了停火条件。在全美国范围内，房价下降了 3.1%，但 1993 年 7 月又有所回升。

投资者可以从 1990 年的短暂熊市中学到很多。第一，谁都不知道什么会引发抛售，之前也不会有任何警告。所以，你需要保证投资组合多样化，以便在事情发生前就能准备好。第二，分散投资是有效的。在 1990 年 7 月到 10 月的熊市中，道琼斯指数从高点到低点下跌了 21.2%。然而，由 70% 道琼斯指数和 30%

美国国债组成的投资组合在此期间只损失了不到 15%。但更重要的是，在挽回损失方面，该投资组合比全是股票的投资组合提前了两个月。第三，不伤害的价值。一旦投资者听到伊拉克入侵科威特和美国将加以干预的消息，他们就会担忧许多事情。油价翻倍时，他们可能会感到不安，这没什么问题。但是，那些过度反应、只关注印象深刻的新闻而忽视了长期趋势的人会在几个月后感到后悔。谁知道他们最终回归股市前总共付出了多大代价（见图 4-4）。

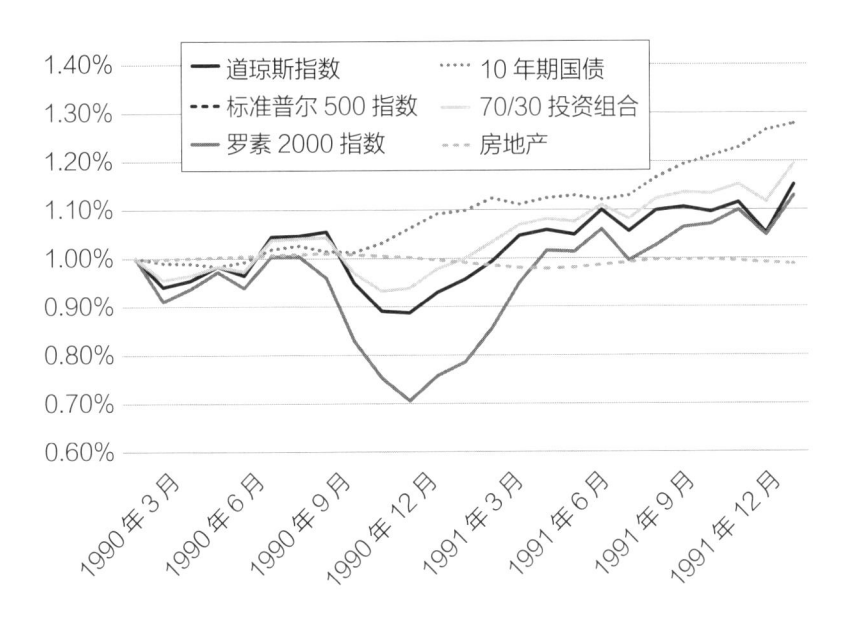

图 4-4　1990—1991 年主要资产类型回报

2000 年

2000 年开始的那场熊市最初是投资者自己造成的。股市整体价格回升至难以持续的程度，互联网股票尤其如此。标准普尔500指数的市盈率在1999年升至32以上，达到当时的最高水平。纳斯达克综合指数及其所有互联网股票的市盈率水平甚至更高，因为大部分投资者都随大流买入了这些虚幻公司的股票。当股价开始回落时，轻微的价格下降也转变成大批量下跌。

道琼斯指数在2000年1月见顶，比纳斯达克综合指数和标准普尔500指数早了两个月。两年半后，道琼斯指数就已经损失了37.8%的价值，因为在"9·11"恐怖袭击之后，下跌速度有所加快。

标准普尔500指数在2000年3月触顶，比纳斯达克综合指数晚了几天。标准普尔500指数跌幅超过道琼斯指数49.1%，因其对科技股票和互联网股票的敞口较大。互联网股票从1998年开始被纳入标准普尔500指数，取代"旧经济"股票成为反映美国经济的变化的新代表。1998年12月，美国在线加入标准普尔500指数，取代了原来名为伍尔沃斯的公司。一年后，雅虎加入该指数，取代了科技含量明显较低的城际巴士和校车运营商莱得劳股份有限公司。

罗素2000指数在2000年开始的熊市中下跌了46%，但股价反弹得很快；该指数在2004年5月创下历史新高，到当年年底时更是高于这一水平。相比之下，标准普尔500指数直到2007年5月才恢复到2000年的高点，当时罗素2000指数已比2000年的高点高出37%。这告诉我们，分散投资是有效的，虽然最简单的办法是坚持投资道琼斯指数和10年期国债，但最好的投资办法应当是关注整个美国股票市场,而不只是关注道琼斯指数等最大、最有名的投资标的。

有趣的是,在 2000 年熊市期间,房价从未下跌;从 2000 年 3 月到 2000 年年底,美联储降低利率以应对互联网崩溃的影响,人们因而更能负担得起抵押贷款,房价也随之上升了 7.2%。在股市承受压力的情况下,房价逆势上涨并保持强劲的情况并不罕见。

为了在 2000 年的熊市中避免风险,投资者通常会转向美国国债之类的投资标的。从 2000 年 1 月道琼斯指数见顶到 2002 年 10 月道琼斯指数见底,美联储为应对所发生的所有情况而削减利率、放缓借贷,因此,投资 10 年期美国国债的回报率达到了 39.3%。利率下降会增加国债的价值,这就是分散投资有效的原因(见图 4-5)。

2007 年

2007 年夏天,世界各地的银行都警告说,房价轻微下跌严重影响了银行的盈利能力,只要投资者能意识到这一简单事实,他们就会退出股市。但显然他们没有意识到。有些对冲基金经理通过做空房地产市场名利双收,但他们之后再也没能复制出这样的好结果。这一切都表明,除了短期波动和长期升值外,我们都不可能知道股票市场会发生什么,尽管当时的情况在事后看来都有预兆。在压力下缓解焦虑的方法就是认识到这一点。

可以预见,房地产市场在其熊市中遭受重创。房地产指数在 2006 年 7 月见顶,2012 年 2 月见底,共下跌了 27.4%。在过去,

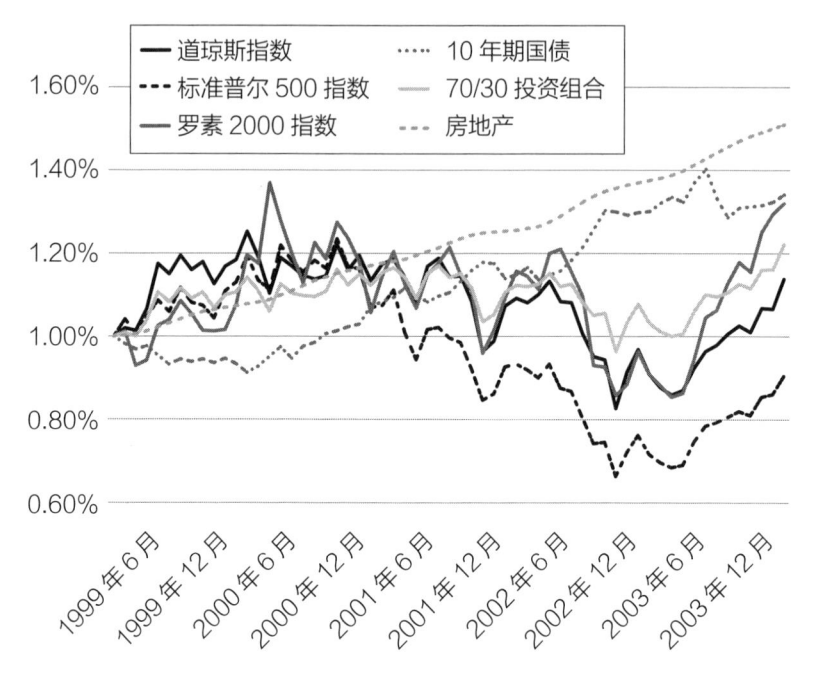

图 4-5　1999—2003 年主要资产类型回报

房地产的波动率比股市低了 85%，所以此次下跌幅度可谓惊人。房地产和股市之间的差异，很大程度上是因为投资者喜欢在股市中寻求刺激并过度反应。在股市中，交易容易、成本更低，而在房地产市场中，大多数人都不会主动交易，交易困难、成本更高。

正如上文所说，随着银行陷入困境，房地产市场也拖累了股市。自 2000 年熊市复苏后，标准普尔 500 指数相继在 2007 年 5 月和 10 月勉强创下新高。在接下来的 17 个月里，该指数在无一幸免的股灾中下跌了 56.8%，其可怕程度只有 20 世纪 30 年代的那场股灾可以相提并论。标准普尔500指数最终在2013年3月创下历史新高，比起上次已经过去五年多。而这次能达到新高也仅仅是因为美联储吸取了教训，在危机爆发时降低了利率，7年间一直将短期利率保持在0左右。不管是持有债券，还是将资金存入银行，投资者都获取不到多少回报，因此他们没有太多选择。最终，投资者只能强忍不适，重新购入股票。这样做通常是正确的，尤其是在利率较低、预计持有期较长的情况下。

道琼斯指数的走势与标准普尔指数类似，两者在同一天见顶，17个月后又在同一天见底。然而，道琼斯指数的跌幅略低于标准普尔，为53.8%，对于那些看惯了损失的投资者来说，这也并没有太大区别。

小盘股罗素2000指数再次先于其他指数见顶。罗素2000指数在2007年8月见顶，此后遭遇了更大的跌幅，与道琼斯指数和标准普尔指数同日触底反弹，但跌幅达到了59.9%。罗素2000指数中的小盘股就像裙子的长度和朋克的摇滚歌词，很快就被潮流所淘汰。当投资者过度自信，开始相信自己知道什么会影响特定股票，夸大自己猜测的准确性时，小盘股就过时了。到2009年，罗素2000指数的表现略逊于标准普尔指数。在2000年的熊市中，罗素2000指数的表现略好一些。显然，比股票指数更重要的是降低行为偏见所造成的损害。

分散投资就像保险，等到需要时再买就已经晚了。在互联网熊市期间，债券价格飙升，为许多分散投资者挽回了损失。但在房地产市场崩溃时，债券价格并没有回到更正常、更低的水平。抵押担保证券的利息比国家债券高一点，这也是抵押担保债券如此受欢迎的一个主要原因。但投资美国国债仍对分散投资者有利，从熊市开始到结束，10 年期美国国债的回报率为 25.8%。70/30 投资组合也不出意料地遭受了打击，但在道琼斯指数下跌 53.8% 的同时，分散投资组合只损失了 33.8%，而且恢复得更快。道琼斯指数直到 2013 年 3 月才再创新高，而这种分散投资组合在 2011 年 2 月就有所回升，比道琼斯指数早了两年多（见图 4-6）。

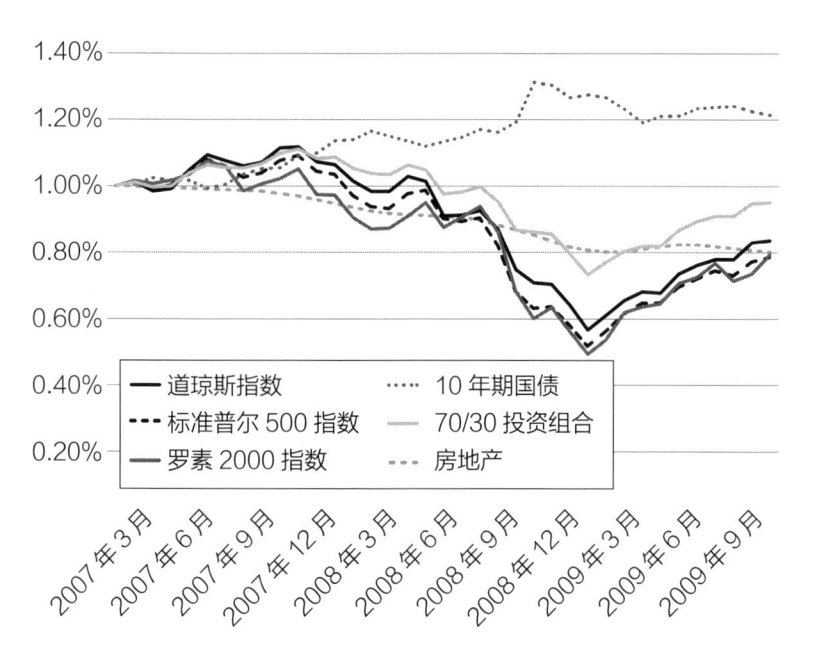

图 4-6　2007—2009 年主要资产类型回报

2020 年

如果说 1990 年伊拉克入侵科威特所引发的熊市还不足以让投资者相信自己无法预见灾难的到来，那么 2020 年由新冠感染导致的股市崩盘应该能让投资者相信了。这场公共卫生灾难以惊人的速度扩散。2020 年 2 月 12 日，道琼斯指数再次创下了 29551.42 点的历史收盘新高，达到价格顶峰。40 天后，道琼斯指数价格见底，收于 18591.93 点，跌幅达 37%。

标准普尔 500 指数也面临类似的抛售压力。标准普尔指数的收盘高点比道琼斯指数晚了一周，但其结果是一样的。2020 年 3 月 23 日，标准普尔指数触底，下跌了 33.9%，略低于道琼斯指数。此外，标准普尔指数也以更快的速度收复了跌价，在 8 月 18 日再创历史新高，距离上次新高只过去了 6 个月，这 6 个月循环往复的过程令人发指。70/30 投资组合 1 个月后就得以反弹，因其最大跌幅仅有 12.6%。对那些没有受到伤害的投资者来说，分散投资再次成为他们的必胜法宝。

小盘股罗素 2000 指数比道琼斯指数和标准普尔指数更早见顶。罗素指数在 2020 年 1 月 16 日达到 1705.22 点，并和其他所有主要股指一样在 3 月 23 日触底。这时，罗素指数已经下跌了 41.2%。许多人认为，无论接下来发生什么，罗素 2000 指数中的小公司都将面临更艰难的生存时期。

针对突发公共卫生事件引发的金融危机，美联储采取了行动。在两个月的时间里，美联储将基准利率从 1.5% 降至 0，这表明最后贷款人愿意提供帮助。不出所料,当利率下降、金融市场动荡时,投资者还是会选择最安全的投资类型——美国国债。从 2020 年 1 月底到 2020 年 3 月 23 日股市触底,美国 10 年期国债的价格上涨了 4.8%。

2020 年 3 月的熊市还出现了一个意想不到的情况,那就是人们希望在更好的房子里隔离。从 2020 年 2 月到当年年底,房价上涨了 9.9%。这是自 2013 年房价短暂反弹以来最大的 10 个月涨幅。比这更大的房地产涨幅只出现在 2005 年房地产泡沫的巅峰时期。

有些人后来信誓旦旦地说,自己曾预见到了崩盘的到来。其中还有很多人自信满满,觉得自己也预见到了复苏的到来。在 2020 年 2 月 12 日的低点之后,道琼斯指数在接下来的 40 天里上涨了 27.6%,到 11 月中旬为止一路回升(见图 4-7)。

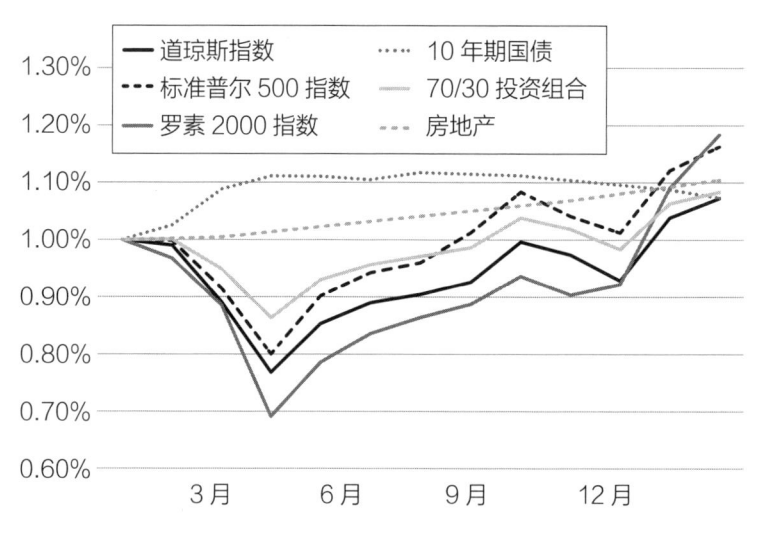

图 4-7 2020 年主要资产类型回报

有些读者可能会感到失望，因为我并没有提供保证成功投资的万灵丹，而他们想找到所有问题的答案。

我希望我已经为所有能回答的重要问题提供了答案。如果你想问："什么是万灵丹？未来12个月里哪种股票、基金或资产类别的表现最好？"那么你的问题就没有人能予以解答，唯一觉得自己能回答这些问题的人，是那些过于自信的人，但他们根本就不明白。你可以问自己这样的问题："我为什么想这么做？我这么做是上面提到的行为偏差所导致的吗？"

我们已经研究了与实际市场行为相关的行为偏差。下面我们将以一种互动和探究的态度来审视每一种行为偏差，包括一些我们还没有讨论过的行为偏差，这可以帮助读者反思自己的行为。以这种方式审视行为偏差，加上一些额外的考虑因素，有助于读者改善自己的行为。如果有某种行为偏差破坏了你的投资过程，损害了你的投资回报，这种互动的方法能帮助你更容易理解这种偏差。

要是真有万灵丹，那就太无聊了。唯有坚持投资，保持投资。用我们讲述的方法避免与行为怪癖相冲突，因为这些行为怪癖都会对你的长期回报不利。一定要分散投资。

这种互动的有趣之处在于，它能够让你避免过分关注股市，避免与太多人谈论股市，避免过度交易和过度思考，从而消除你平日里对时间的浪费，消除你的绝望和焦虑。总有一天你会依赖投资的收益，所以做好投资很重要。焦虑的投资者能够意识到投资对自己的未来有多重要。他们还意识到，焦虑可能会迫使他们屈服自己的弱点，进而停止投资，但这样只会让情况变得更糟。投资者需要焦虑，因为投资的确很重要。但是他们也要冷静下来，掌握正确的投资方法，认识到只有遵循正确方法才能减少狂躁行为，否则就会适得其反。冷静下来，不要只做对的事，而是要做最好的事。

行为偏差如何把你引入歧途，我们该如何避免

我们已经研究了几种行为偏差，这些行为偏差会在市场下跌时损害投资回报，让你感到焦虑。在上文中，我们是以现实的经济泡沫和熊市为背景的，然而在市场平稳时期，我们也需要与这些行为偏差做斗争。下文则在更中性的背景下看待这些行为偏差，但也能帮你解决自己的一些重要问题，比如你在什么情况下可能沦为行为偏差的牺牲品，还有你可以做些什么来防止或减轻伤害。

每个人都会表现出一定的行为偏差，因为我们都是人。优秀的投资者在投资之前就已经学会了识别它们的原始状态。平庸的投资者只有在回顾过去时才能学会，但这样他们仍能成为更好的投资者。糟糕的投资者之所以糟糕，也是因为行为偏差本身；他们过于自信，认为自己不需要提高。他们认为羊群效应和处置效应是合理的投资策略。即使未来几十年都不需要用钱，他们也只愿意建立一年期的投资组合来实现短视的损失规避。

当你既没有交易的压力，也没有改变投资组合的压力时，就

可以思考一下这些行为偏差。沐浴着清晨明媚的阳光时，你可以问自己以下问题：你受行为偏差影响了吗？在什么时候？是因为什么？在做出重要财务决定，或重新调整投资组合之前，你可以再看看这个清单。理想情况下，你应该定期回顾这个清单，因为随着投资经验的积累，有些偏差会变得不那么重要，而有些可能会变得更重要。在回顾清单之后，你就能成为一名更内省的投资者，一名更好的投资者。

现状偏好

现状偏好是一种非理性倾向，即使其他选择会让我们过得更好，人们还是倾向选择维持现状。这种倾向会影响到你在每年开放注册期对医保方案的选择，也会影响含糖饮料的营销人员，他们忘了顾客讨厌改变的程度甚至超过了喜爱更美味苏打水的程度。

人们很容易认为产生现状偏好是因为懒惰，但对许多人来说，产生现状偏好是因为他们不知道怎么开始，不知道怎么分析、理解和比较备选方案。这种比较常常比较复杂。保险计划的免赔额或自付金额上限会略有不同，虽然这种不同对保险成本的影响是可以量化、精确计算的，但还是令人感到困惑和恐惧。你是这样的吗？如果你知道该怎么做，你愿意这样做吗？下面，我们将讨论如何让你的努力更有价值，至少对你的投资更有价值。

首批针对金融领域现状偏好现象的学术测试中有这样一个研究，研究人员询问了大学生，假设他们最近从某个叔祖父那里继承了一笔财产，他们将如何投资这笔意外之财。他们共有四种选择，其中两种是不同的股票，一种是无风险的短期国债，另一种是免税的市政债券。在第一个测试中，研究人员在相同前提下提出了四个备选方案。在第二个测试中，研究人员首先让不同群体将不同的选择视为现状，然后再让他们做出选择。

无论是将四个选项中哪一个视为现状，测试对象都更喜欢现状选项。将免税市政债券视为现状时，选该选项的学生高达47%，但免税市政债券绝对不会是大学生的正确投资选择。坚持现状的倾向根深蒂固，如果研究其他替代方案的精神成本很高，或者替代方案之间的不同让人捉摸不透，比如用从叔祖父那里继承来的钱投资，或者比较医保方案计划，在这种情况下，就更难克服现状偏好了。就算只是让消费者挑选某个品牌的汽水，他们对现状的偏好都很强烈，更别提让他们在暴跌股市的数千种投资标的中做选择了，克服这种偏见真的太困难了。

作为一名投资者，现状偏好会给你带来压力，让你更难做出积极改变，比如重新平衡投资组合，使其适当多元化，或收割税收损失。与做出改变相关的是前景理论，该理论告诉我们，人们愿意存钱或改变投资组合以获得更好回报，而且这种愿望大于避免罚款的愿望。既然如此，我们可以把前景理论当作改变的动力。

既然问题在于投资者的思维，那就让我们学习如何欺骗你的思维吧。投资组合的5%代表什么？当我们利用分散投资、避免处置效应、考虑多重信息、避免盲目从众时，就可以合理认为自己投资组合的5%是每年存在风险的资产。如果投资组合的总额为 10 万美元，这部分风险资产就是 5000 美元，想象一下你可能亏损掉这么多现金。花一个小时来确定你的投资组合是否是分散的低成本投资，确定自己是否避开了羊群效应，这样你就可以避免因迟钝、懒惰或偏见而额外亏损掉 5000 美元。

处置效应

我们讨论过的行为偏差似乎都不能提高长期投资回报，但处置效应是其中最有可能的一种。我们已经知道，处置效应指的是人们倾向保留贬值股票来延迟后悔，以及出售升值股票来激发大脑中令人愉悦的化学反应。处置效应看似是一种自律的做法，可以避免因贪婪而带来的负面影响，但实际并非如此。正如特伦斯·奥丁（Terrance Odean）教授所证明的那样，处置效应会让你卖出比新买入股票表现更好的股票。屈服于处置效应的投资者往往会留下一堆表现不好的股票，看起来就像从错位玩具岛上捡来的东西。

处置效应难以避免，因为它是由大脑的化学反应引起的，涉及许多其他行为问题，包括前景理论、后悔厌恶和自我控制。处置效应促使你卖出表现好的股票，而羊群效应和对最近结果的过度推断又促使你用卖出股票的收益买入过去表现好的股票，而不考虑其未来前景。

你是否曾因讨厌犯错而屈服于处置效应？这是很正常的，只不过你忽略了一个事实：如果你的投资失去了优势，那么你就已经犯错了，意识到自己的损失并不会让你错得更离谱。事实上，意识到自己的损失，然后转向另一项投资，反而可能会让你少犯错。投资中最重要的因素就是时间，如果你坚持做一项没有效果的投资，你就是在浪费时间。如果你选择的个股独立于其他个股和大盘波动，这种情况就更有可能发生。

避免处置效应的方法是用不同方式构建投资组合。坚持投资具有广泛基础的交易所交易基金，而不是购买个股，这样既能分散风险，成本又低得令人难以置信。然后就是记住要保持投资。不管现在发生了多么可怕的事情，你都不能相信那是正常的，否则就会导致你在底部卖出。相反，你要投资，而且要一直投资，以正常情况为前提投资，而不要只是考虑那些令人印象深刻的情况。如果你能够坚持投资于广泛、低成本的交易所交易基金，你就不太可能落入处置效应的圈套。毕竟，通过卖出实现盈利并没有多大意义。而且你还能买什么呢？去买另一个广泛、低成本的交易所交易基金？这样也就没必要卖出了。这是我们所说"不伤害"的第一步。

处置效应告诉我们，应该抛售贬值股票，保留升值股票。但定量研究表明，这些贬值股票往往是因为人们对价格下跌过度反应而过度下跌的，其后续表现甚至会超过三年来表现最好的股票。我们应该如何平衡这两个看似矛盾的观念呢？

这是个难题。但记住，德邦特和塞勒为其输者组合挑选的股票，是在前三年期间表现最差的股票。事实上，这些股票的表现是差中之差，而且数量并不多。投资者过度反应，将这些股票推至基本价值以下，所以它们才属于输者组合。在你投资组合中的下跌股票，更有可能是那些表现一般、还没有经历过投资者过度反应的股票，价格也还没有降至更低。这些股票不算是最差的，但也同样不会让你赚到钱。避开个股，转而关注广泛的资产类别，是平衡这两种看似对立观念的方法之一。

后视偏差

后视偏差并不是认为"现在看来过去的一切都如此明了，我当时怎么没有预见到呢"，而是认为现在看来一切都太过明显，于是欺骗自己，认为自己当时就已经预见到了。当我们产生这样的想法时，我们就犯了错误。

回想一下2020年3月开始的大衰退或熊市。你有没有哄骗自己，认为事件发生前就已经有明显迹象，原因只是它现在如此生动、如此难忘？问题不仅仅在于你在过去的事情上欺骗自己，更在于在欺骗自己的同时，你对自己预测未来的能力也会变得过于自信。希勒教授在1987年股市崩盘后对投资者进行的调查显示，许多人相信他们之前就预见到了崩盘的到来，因为回过头来看，这一切都有迹可循。截至1987年8月，股市当年累计上涨逾40%，许多人认为这不可能持续，只有最自负的人才会认为股市仍将上涨。到10月，市场的势头已经有所减弱，在崩盘前一周，市场发生了剧烈波动。10月16日星期五，道琼斯指数下跌108.35点，创下当时最大跌幅。随后，10月19日黑色星期一，道琼斯指数损失了22%。现在回顾起来，这样的结果似乎显而易见。整个过程如此生动，事情充满戏剧性和感染力，甚至许多人在身体上都出现了反应。在希勒的调查中，43.1%的机构投资者回应说，他们在崩盘期间或崩盘刚刚结束时难以集中注意力、手心出汗、胸闷、易怒、脉搏急促，甚至同时出现多种症状。

后视偏差让很多经历过1987年崩盘的投资者相信，他们可以预见下一次危机的到来，这种想法是很危险的。这也让他们相信，自己可以在下一个底部买入，因为股市将从那里反弹。10月20日上午，也就是股灾发生的第二天，股市仍然看起来很糟糕，但这已经是股市底部了。在希勒的受访者填写调查时，道琼斯指数已经收复了周一的损失约40%。任何在19号晚些时候买入的人都很了不起。在接受希勒调查的投资者中，实际上只有大约3%的人在10月19日购买了股票。但在几天后，却有近30%的人在被问及这个问题时表示，他们当时产生了市场将反弹的"直觉"或"第六感"。

过度自信有一个奇怪的方面，它不仅让我们相信自己比实际更厉害，而且让我们相信自己能比实际更精确地看到未来。投资者不仅相信自己可以在接近顶部时卖出、在接近底部时买入，甚至还相信自己可以在最顶部卖出、在最底部买入。这种程度的过度自信是不可理喻的。

因后视偏差而产生的过度自信之所以很危险还有另一个原因，那就是未来走势的驱动因素并不客观，就股市而言，投资者甚至可能无法就什么主观因素会起作用达成一致。在希勒1987年的调查中，超过三分之二的个人投资者认为，股市崩盘是"投资者心理"的作用，而不是"利润或利率"等基本面因素的作用。这意味着，过度自信的人不会根据贝叶斯定理对财报或利率变化做出反应，而只会解读其他投资者的想法。祝他们好运吧。

后视偏差会误导你冒巨大风险，让你觉得自己能实时解读市场情况，或者能读懂投资者的心思，在市场顶部离场，在市场底部进场。

战胜后视偏差的方法是，记住之前那些投资者是如何确信自己预见了1987年的崩盘及随后的反弹，但是对他们实际交易活动的客观分析证明情况恰恰相反。你要记得，在2007年第一次公开宣布大型全球银行因为抵押担保证券而陷入困境之后，股市创下了历史新高，但没有人知道股市会如何反应。你要记得，在贝尔斯登对冲基金宣布破产两个多月后，再次出现股价高点，但投资者还是始料未及。你还要记得，就在4天前，美林公司宣布因抵押担保证券损失了55亿美元，但没人理会这条新闻。

所以，一个办法就是问问自己下周股市会怎样。既然后视偏差让我们相信自己能够预测未来会发生什么，那就问问自己下周会发生什么，这样可能就会打消我们对未来的自信。我们没有办法知道下周会发生什么，当我们向前看而不是向后看时，过度自信就会消失，尤其是当我们重新审视自己的预测并根据其准确性给自己打分的时候。

另一个办法是记住股市在天与天之间、月与月之间、年与年之间不会传导。一个时期的收益和下一个时期的收益之间没有相关性。这意味着，无论你的大脑多么频繁地"记错"，你都不可能知道什么时候是股市顶部、什么时候股票将下跌。

过度自信

随着传统养老金不复存在，成功投资变得更加重要。这种变化将投资风险从雇主身上转移到了你自己身上。在投资至关重要的情况下，有人会过度自信。投资者可以购买的股票有成千上万种。基金的种类比股票更多，年金等不透明的专业产品则比基金还多。各种分散投资方案相互竞争。再加上投资中的行话和偶尔出现的没有必要的复杂话语，任何人都可能对投资过度自信的这一想法感到惊讶。

投资者过度自信会造成很多方面的影响。过度自信会让投资者推断过去的趋势，即使今天发生的事情和明天将要发生的事情之间没有关联。如果你这样做了，记得并没有所谓的顺势趋势，过去的趋势只是过去的趋势。忽视这一点往往会助长泡沫，因为投资者认为总会有更大的傻瓜愿意支付更高的价格。

过度自信的投资者更可能用借来的钱或者"保证金"进行投资。加州大学的奥丁教授发现，使用保证金的投资者往往交易更多，投机（而不是投资）更多，而且在选择升值股票时做得更差。过度自信的投资者比普通人承担更多风险，这可能是因为他们没有适当分散投资，或者是因为他们倾向选择风险更高的股票。你是这样的吗？保证金可以占据一席之地，但不该一直处在你的投资策略中。随着时间的推移，市场提供了正面回报。保证金，或者更准确地说，你的经纪人就可能会迫使你在错误的时间做出错误的决定。不使用保证金的投资者就可以继续投资，甚至可以在熊市期间买入更多股票。你更希望成为哪一种投资者呢？是使用保证金交易，受经纪人摆布，经纪人因股票下跌而强迫你降低风险，但你已经用尽了保证金账户的额度？还是不使用保证金，随时准备抓住机会？无论如何，当我们对某个特定结果有强烈渴望，比如想要建立一个成功的退休投资组合时，我们往往会变得过度自信。

在所有的行为怪癖和行为偏差中，过度自信可能是最危险的。当某项任务困难且复杂时，人类往往会过度自信。建造和运营核电站可谓是最复杂的任务，但同时也使我们仍会对此过度自信。

日本是地球上最容易发生地震的国家之一，同时也是最依赖核能发电的国家之一。这一情况持续到 2011 年 3 月 11 日下午 2 点 46 分，仙台市以东 80 英里的太平洋发生了 9.0 级地震。

福岛第一核电站位于仙台以南 60 英里一块露出海面的岩石上。该核电站有六个反应堆，是世界上最大的核电站之一。日本所有的核电站都建在基岩上，因为基岩可以抵抗地面加速度，即地震时导致地质结构损坏的左右摇晃幅度。尽管如此，仙台地震还是导致福岛第一核电站六个反应堆中的三个超过了最大水平加速度的设计极限。鉴于地震会引发海啸，这些反应堆建在海拔 33 英尺（1 英尺 =30.48 厘米）的地方，在分析过 1960 年发生在智利的一场海啸之后，设计师确信，任何高于海平面 10 英尺的地方都是安全的（这一要求在 2002 年提高到 19 英尺）。但是，2011 年 3 月 11 日袭击福岛的海啸超过了 49 英尺高。

反应堆在地震中幸存了下来，但连接反应堆的六条外部输电线都被摧毁了，讽刺的是，福岛核电站只能依靠应急柴油发电机来为其安全设备供电。这些发电机位于建筑的地下室中，那里有涡轮机，可以将过热的蒸汽转化为电力。41分钟后，第一次海啸来袭；8分钟后，第二次海啸来袭，海水涌入地下室。柴油发电机和所有电气设备都被淹没在建筑的地下室里。作为世界上最大的核电站之一的福岛第一核电站既没有外部电力供应，也没有内部应急电力供应，因此没有办法让反应堆堆芯冷却。4小时后，1号反应堆的堆芯开始受损。在77小时后，2号和3号反应堆也开始受损。在堆芯受损后不久，核电站附近海洋中的放射性铯含量比正常水平高出5000万倍。福岛第一核电站再也无法发电了，清理放射性垃圾需要几十年的时间。

福岛第一核电站的设计师们对地震可能对核电站造成的各方面影响都过于自信。他们甚至设法驳斥了美国核管理委员会（Nuclear Regulatory Commission）的报告。该报告警告称，地震导致电力中断和备用柴油发电机失效是导致核事故"可能性最大"的外部原因之一。

建设核电站充满危险，核电站的设计师们应当问自己无数个问题。我们的估计正确吗？这些建筑物能承受水平力吗？如果发生比智利海啸更大的海啸怎么办？也许设计师们回答了这些问题，也回答了其他数百万个问题，但他们似乎还是过于自信，认为自己能够想到最坏的情况，能够做出应对最坏情况的设计。他们似乎从未听说过墨菲定律。如果整个日本都能对核能这种存在潜在危险的东西过于自信，那么每个投资者也必须提防自己对投资组合过于自信。你是否常常说股市不可能发生某事？在这种情况下，你就过度自信了。

可得性偏差

可得性偏差是指倾向通过使用最容易回忆起的事件，而不是使用对历史可能性或基本比率的真实分析，来估计某个事件发生的概率。当我们试图估计某件事发生的概率时，就会回想它在过去发生的频率。最生动的事件自然会最先出现在脑海中，而那些不怎么特殊的事件就会被挤掉。例如，美国人高估了死于空难的概率，是因为空难往往更可怕，也更有新闻价值。但从2010年到2017年，美国定期商业航空服务事故中并没有乘客死亡。在同一时期，275662名美国人死于车祸，但这些事件并不突出。你受可得性偏差影响了吗？问问自己，你常想到的是最引人注目的例子（飞机失事），还是最常见的例子（致命的汽车事故）？问自己这个问题就是一个很好的开始。

近期性与可得性有关。戏剧性的事件往往会浮现在脑海中，最近发生的事情也会浮现在脑海中。这就是为什么最近有朋友离婚的人倾向高估普通人群中离婚的概率。这也是为什么即使在道琼斯指数大幅下跌的情况下，根据最近发生的事情做出投资决定是错误的做法。我们已经提到那些过度自信的投资者，他们认为股市崩盘等不太可能发生的事情是绝不可能发生的，而市场大盘获得适度年利润等可能发生的事情是肯定会发生的。

另一个极端是那些受可得性偏差影响的投资者认为，最极端的结果比实际更有可能发生。这些投资者的做法就好像崩盘随时可能发生，其中一些人甚至是极其老练的期权交易员。奥列格·邦达连科（Oleg Bondarenko）教授在一项研究中指出，美国指数期权市场的主要定价方式表明，大约每16个月就会发生一次1987年10月"黑色星期一"那种规模的崩盘。我们已经讨论过，投资者在构建投资组合时，即使他们几十年都不打算使用这笔钱，他们的做法也好像要在一年内使用一样。虽然他们不相信股市即将崩盘，但这种自我强加的、不恰当的时间框架说明，他们中有些人承担的风险比理应承担的更少，产生的回报也更低。

投资者为什么要这么做？因为普通投资者可能不清楚股票市场每天在发生什么，但他们几乎都或多或少知道2008年、2000年、1987年或1929年发生了什么。

克服可得性偏差的方法是理解什么是正常的，而不要太关注那些戏剧性的和容易想起来的。我们已经了解了从一天到十年的时间范围内股市的正常情况。作为投资者，你要记住，对于成功投资来说，正常的事情比戏剧性的事情更重要。

损失规避

损失规避是一种非常人性的倾向，指的是人们对损失的厌恶程度大于对收益的喜好程度。一个相对较大的损失会使我们对类似的后续损失更加敏感，这样看来损失规避是合乎逻辑的，因为后续损失会消耗我们资产净值的更大比例。但其实损失规避并不合理，因为它会阻止我们进行有利押注。比如，如果我们猜对了抛硬币的结果，我们会得到200美元，但如果猜错了，我们只会损失100美元。这种倾向有时会让长期投资者不愿投资，或不愿让股票占据投资组合中相当大的比例，尽管从历史上看，股票产生的回报超过了额外风险的补偿。研究人员通过实验量化这种效应时发现，损失带来的伤害是收获带来愉悦感的两倍。此外，道琼斯指数历史上有47%的交易日下跌，而且平均日跌幅往往略大于平均日涨幅。这样就很容易理解了。你受损失规避的影响了吗？你是否忘记了，损失是投资的一部分，但只要时间足够长，机会是站在你这一边的？你是否忘记了，如果你一直把钱投入股市，比如通过401（k）计划，那你或许希望现在的股价更低。

克服损失规避的方法是，记住你不是只投资一天，时间越长，股市产生正回报的概率就越高。我们已经知道随着投资时间框架的改变，成功的概率会提高多少，但请记住，如果一个人的投资期限够长，没有理由因为厌恶损失而把他们赶出股市。

"押注者"需要有200美元的赔付才能接受可能出现的100美元亏损，而美国股市历史上也会在持有期至少为3年的情况下出现这一比率。在道琼斯指数推出以来的每3年时间里，如果道琼斯指数出现了增长，平均收益为37.1%；如果道琼斯指数出现了下跌，平均损失为17.9%。正如我们之前所讨论的，这还不包括股息，如果加上股息，这个比率会更有吸引力。但即使不加股息，2.07的3年损失规避比率对大多数投资者来说也应该足够了。如果把时间框架放到5年，损失规避的比率将超过3（平均收益为59.1%，平均损失为19.6%）。除了极度厌恶损失的人，

185

这一比率可满足绝大多数人。而10年的时间框架则可以完全满足所有人，因为这时的比率高达6.4（平均收益为107.2%，平均损失为16.7%）。

但投资者的心理持有时间往往比实际持有时间短得多，这就导致投资者在投资组合中避免投资股票或减持股票，从而降低了投资回报。恐惧是可以理解的，它有时对我们很有帮助，但当恐惧成为我们在构建或维护投资组合中最重要的情绪时，它就没有那么有用了。

不只是对经济损失的恐惧导致了不合逻辑的财务选择，任何恐惧都会降低人们承担金融风险的意愿。在一项有关金融风险承担的研究中，四位经济学家让从事投资任务的金融专业人士接受随机电击。所有参与者都要面对高恐惧和低恐惧测试。如果告诉参与者，他们将在接下来的三次测试中接受痛苦的随机电击，他们就会产生高水平恐惧，而在另一种情况下，如果向他们解释将要接受电击，但这些电击是"轻微的、无痛的"，他们就会产生低水平恐惧。当参与者面对痛苦电击的恐惧时，就不愿意承担同样多的经济风险。因此研究人员指出，影响冒险行为的不是实际的冲击，而是预期的恐惧。

对美国人来说，那些经历过1929年股市崩盘和大萧条的人往往更容易对金融感到恐惧。从1929年开始，道琼斯指数连续四年下跌，从1929年9月的高点跌至1932年7月的低点，跌幅达89.2%。如果你在1896年5月26日向道琼斯指数投资1美元，然后在接下来的36年里一直不动，到1932年7月股市指数跌至最低点的那一天，你仍可以获得约 0.75 美分的收益。当时的就业人数减少了 2000 万，四分之一的美国人失业。恐惧很狰狞，也很持久，你肯定听说过关于这次崩盘的故事。如果你年龄够大，甚至还可能听过祖父母讲的故事。经历过大萧条的美国人在几十年后仍然不太愿意承担金融风险。就算承担了风险，也不太可能承担持有股票的风险。就算持有了股票，股票在其投资组合中所占比例也会很小。同样的结果也适用那些在其他时期经历过股市崩盘的个人投资者，比如 20 世纪 70 年代初，道琼斯指数在熊市中下跌了 40% 以上，令投资者感到痛苦万分，一些人甚至认为熊市永远不会结束。这就是 20 世纪 80 年代初股市飙升时美国人对股市投资不足的原因之一。

投资者想要反驳你投资并坚持投资的想法时，常会用大萧条举例，这是可以理解的。只有过度自信的人才会说那种程度的股市崩盘绝不可能发生。事实上，这种崩盘是有可能发生的，只不过这种可能性非常小。助长 20 世纪 20 年代经济泡沫的那种保证金投资已经大幅减少。美国证券交易委员会成立于 1934 年，成立目的是从股市中发掘最滥用的策略，这在很大程度上取得了成功。最后，美联储学会了如何应对股市崩盘。在 1929 年，美联储还不知道如何应对崩盘，只是让事情变得更糟。现在美联储对危机的反应并不完美，但已经比 1929 年要好得多。

同样，只有过度自信的人才会说 20 世纪 30 年代的情况不会再次发生，但考虑到自 19 世纪 90 年代以来，我们的股市已经趋于成熟，恐慌和崩盘已较为常见，在 1907 年、1929 年、1987 年、

2000年、2007年和2020年都发生过,现在更大的风险是在崩盘期间没有投资,在其他时间投资不够。

恐惧,包括隐含在损失规避中的恐惧,是有一定逻辑的。但你应该继续投资合理的多样化投资组合,而不应该像赛马场上的赌徒一样,当马排着队准备当天的最后一场比赛时,试图一下子恢复收支平衡,从而失去理智。投资是长期的,并不一定要在短期内奏效。

羊群效应

当投资者感到恐惧或不确定时,就会倾向从众,这意味着他们会追随和模仿他们看到和听到的其他投资者的行为。不幸的是,当投资者信心十足时,他们也会选择从众,这对他们来说常常不是最佳选择。如果其他人也倾向某个投资理念,你是否就会对此理念更有信心?这是否意味着某只股票已经被其他人哄抬起来了?你会相信其他领域的其他人吗?答案通常是否定的,但我们会跟随在购买股票的人群后头,因为这让我们更安心。

许多人认为,我们的从众倾向是进化的结果,因为聚在一起的人往往不太可能成为捕食者的晚餐。但仅仅成为群体的一员也会改变你身处的世界以及你看待世界的方式,这也是事实。在辨别三维图形的测试中,改变答案的测试对象之所以这样做,是因为在测试开始前,研究人员让他们认识彼此,一起参与友好的练习回合,并在显示投票时附上了他们的名字和照片,这些准备工作改变了测试对象的世界。这是最明显的一个例子,说明仅仅成为群体的一部分就会改变我们对世界的看法。这也是有原因的。如果我们自己处理信息并得出结论所需的成本和时间比一般情况要高，那么从众的动机就会增加。回想高中时代，问问自己，是否有那么一段时间你总是随波逐流，因为你不够成熟，无法得出自己的结论。然后再问问自己，你是否有时也会以同样的方式卷入股市。

有些投资者试图将羊群效应伪装成一种合理的投资策略，称为"动量投资"，仿佛借鉴了物理学和牛顿运动定律。正如我们所见，市场中没有"动量"这回事；市场今天涨了不代表明天还会涨。

投资者受羊群效应影响时，倾向购买相同的股票。毕竟，加入"羊群"需要环顾四周，模仿他人的行为。其结果是，某些梗股或相关行业的价格远高于对其未来价值的基本估计，因为你身边的人都购入了。数以百万计的美国人不相信身边人推荐的餐厅，但又跟随他们购买股票，这似乎很愚蠢。

除了买其他人已经买过并抬高价格的东西，羊群效应还让人们无法对其他群体成员选择的东西做出理性反应。一旦最初从众的做法出错（这是常有的事），投资者的应对方式就更少了。身处股市的羊群中，价格上涨的过程是痛苦的，因为支付的价格会更高；价格下降的过程也是痛苦的，因为能做出的反应有限。投资者常常认为自己是意志坚定的人，能够开创自己的道路。但很多时候，就像羊群效应展示的那样，他们更像高中生。

约翰·梅纳德·凯恩斯指出，在某种程度上，所有的投资都受羊群效应的影响。这是因为许多投资者并没有自己挑选最好的公司，而只是挑选大众认为最好的公司。如果大众认为甲公司是最好的公司，不管是不是真的，他们都会买该公司的股票，股价就会上涨。假如实际上乙公司是最好的公司，即它是利润最高、长期前景最好的公司，但没有人知道该公司，那么其股价就不会有太大的波动，除非它公布了丰厚收益，给一些投资者留下了足够深的印象。但如果投资者仍然不知道乙公司是最好的公司，那么在下一次业绩报告公布之前，其股价仍不会有太大的波动。好公司会在很长一段时间内缓慢升值，而受大众喜爱的公司则会迅速升值，直到其价格远远超过价值，随后价格才回落。这就是为什么传奇投资者沃伦·巴菲特曾说过，短期来看，股市是一台投票机（大众把票塞进去）；长期来看，股市是一台称重机，可以发现真正有价值的东西。投票和称重，或者价格和价值，它们之间的差异可能很极端。这也常常让人抓狂，一旦问题不再是"其他人会选择什么"，而是"其他人认为其他人会选什么"，你又该怎么做呢？

在介绍羊群效应时，凯恩斯举的例子是20世纪30年代在英国报纸上流行的一种比赛。当时，报纸刊登照片的价格不再昂贵，选美比赛逐渐成为人们熟悉的广告噱头。最初，获胜者是由一组评委选出的。后来，一些营销人员意识到，让读者参与进来可以让整个比赛更让人印象深刻。他们并不是要求读者选出最漂亮的六张脸，而是选出自己认为与其他读者的选择最接近的六张脸。正如凯恩斯所写的那样："我们已经达到了（羊群效应的）

第三阶段，开动脑筋去推测大众的看法是怎样的。"

这种做法在应用于股市时会最终适得其反，同时也会浪费投资者的时间。我们已经知道，时间是一种稀缺资源。但有些人觉得需要这么做，因为真实价值（最具吸引力的面孔或最有价值的公司）和对真实价值的平均看法（大多数人认为大众觉得最具吸引力的面孔）之间的差距可能很大。

为了量化这一结果，美国国家公共广播电台（National Public Radio）举行了升级版的"选美大赛"实验。共有12000人参与了实验，每个人都拿到了三只动物的照片。第一个是小猫，第二个是北极熊宝宝，第三个是懒猴，一种有着小脑袋、大眼睛、奇怪长相的灵长类动物。一半的参与者需要选择他们个人认为最可爱的动物，另一半则需要选择他们认为大多数参与者认为最可爱的动物。这就好像让前一半的人挑选他们认为最好的股票，而让后一半的人挑选他们认为其他市场参与者认为最好的股票。

一半的参与者认为小猫是最可爱的动物，27%的人认为懒猴是最可爱的，23%的人认为北极熊宝宝是最可爱的。我们可以把这些百分比当作价值的实际度量。但在另一个测试中，问他们认为别人会怎么选时，选择小猫的人占了76%，懒猴占了15%，而北极熊宝宝只占了10%（由于四舍五入，结果的总和没有达到100%）。我们可以把这些百分比当作股票的市场价格。结果就是，小猫的价格高了一半，而懒猴和北极熊宝宝的价格则低了一半。可见这群参与者并不擅长使价值和价格保持一致。

既然随波逐流会让人情绪枯竭，让人感到不适，投资者该如何避免羊群效应呢？习惯是很强大的，因为顺从习惯不需要太多思考。你可以在一定程度上把投资转换成"自动驾驶模式"，但你也要注意避免羊群效应。远离小众投资或梗股，转而关注宽基股票，这样你就能在很大程度上避开羊群效应。

毫无疑问，大众可以把整个市场带到不该达到的水平，就像20世纪20年代、80年代和1999年的股市一样。羊群效应还可能会让其他资产类别达到不该达到的水平，就像17世纪30年代的郁金香球茎、1980年的黄金和白银以及本世纪前半段的房地产一样。但你可以避开最热门、最耀眼的股票或行业，从长远来看，你可以赚得更多。

自我反省也有助于避免羊群效应。你为什么要买？你为什么现在买？你为什么不能再等30天再买呢？这些问题的答案就有可能显示出你在犯错，如果你在回答这些问题时产生了不耐烦的情绪，那就更是如此。再说一次，对自己宽容点，因为随波逐流是很自然的。这是我们的本性，也是我们过去生存的根本，但随波逐流已经无法再抵御那些想以你为食的人了。相反，这正中了那些不随波逐流的投资者的下怀。他们卖你买的东西，或者买你卖的东西。有人说，股市是一种把财富从不耐心的人转移到耐心的人身上的机制。所以别那么不耐烦。

过度反应

有些反应在当时总觉得是正确的，但其实很少是这样。投资者常对近期的戏剧性事件过度反应。他们对短暂发生的事情过度反应，即使没有基本面消息，也会交易数十亿股股票。他们在崩盘和恐慌时过度反应，但受创最严重的股票最终在随后的复苏中表现最好。他们会对较长的时间框架过度反应，正如德邦特和塞勒教授对比表现最好和最差的投资组合所证明的那样，如果构建组合期和持有期都相当长，输者组合后来的表现会超过赢者组合。投资者对消息（尤其是坏消息）的过度反应几乎体现在每一种方式和每一种可以想象的时间框架上。问问自己对意外消息的反应。你是否认为采取行动比不采取行动更合适？这是一个重要的偏见，你可能并没有意识到。

有心理学家说，我们过度反应是因为在过去的某些情况下，反应不足可能造成严重后果，而过度反应的代价反而很小。虽然对现在来说，这种进化的结果是错误的，而且代价昂贵，但其印记很难磨灭。这也很不合逻辑，因为任何一个因开车时别人加塞而怒火中烧的人，在冷静下来之后都可能觉得没什么。

投资者对崩盘和熊市过度反应的一种常见形式是彻底停止投资。他们不再向投资账户存钱，不想面对今日买入、下月亏损的懊恼（是损失规避在起作用）。我们在第三章证明了这一点，详细介绍了在牛市期间，投资者对传统股权共同基金的投入（每月占现有资产的0.23%）甚至超过了他们在所有月份的投入（每月占现有资产的0.20%）。而在形势不好时，他们就会踩刹车（每月仅投入现有资产的0.01%）。华尔街处于熊市时，投资者几乎完全停止购买。你是这样吗？市场相对平静时，你应该问问自己。如果答案不是你想要的，就该提醒自己。投资者在上涨时宁愿支付更高价格，却在价格较低时停止买入，这种想法就是过度反应的第一个线索，这是不合逻辑的。

投资者过度反应的另一种形式是抄底抛售。这些股票共同基金投资者在2009年的12个月中有6个月在从股市撤出资产。他们在3月撤资最多，当月市场跌至最低水平，在2月撤资第二多。换句话说，他们在最糟糕的时候抛售股票是因为他们过度反应，太过依赖最近、最戏剧性的新闻。你是这样的吗？如果你过去有这样的经历，问问自己为什么会陷入这种行为偏差。写下你的想法，放在市场下跌时你能找到的地方，届时重新阅读，并吸取教训。

同样的过度反应也出现在1987年。这一年前9个月，投资者都在增加股票共同基金的投入，道琼斯指数1月上涨13.8%，2月和3月分别上涨超过3%，6月和7月分别上涨超过5%。截至8月底，这一数字比去年同期增长了43.6%。结果市场吐回了所有收益，投资者又开始过度反应，在10月、11月和12月撤出资金，但这时市场水平已经低于年初了。其中，10月金融危机爆发，净撤出资产超过4%，这是自20世纪50年代以来最大的月度净撤出。1987年上半年的巨额回报并不正常，但投资者还是买入了。10月的回报也十分显著，而且也不正常，但投资者还是抛售了股票。

尽管过度反应会损害回报，但个人投资者知道这种情况很常见后，往往可以得到一些安慰；即使是专业交易员和分析师也会过度反应。德邦特教授称，专业股市分析师预测的变化"过于极端，并不理性"。正如他和同事理查德·塞勒在另一篇论文中所发现的，有相当多的证据表明，专业分析师的预测"显示出了与'天真的本科生'相同的过度反应倾向"。甚至有数据表明，专业外汇交易员在预测外汇走势时过度反应，经济学家在预测通胀、工业生产、房屋开工和零售等宏观经济变量的变化时也会过度反应。

简单来说，投资者都会过度反应。他们在泡沫时买入，在崩溃和熊市时卖出。但你不需要加入他们，你并不一定非要和他们一起进入市场。

这就是"不伤害"的意义所在。既然各种类型的投资者都倾向过度反应，也许更好的反应就是完全没有反应。你应该继续定期向储蓄账户和退休账户缴款，不做任何反应指的是不会像那些忘乎所以的人一样去做无谓交易。如果你能在泡沫期间不在常规投资机制之外进行额外投资，那么恭喜你。如果你能不像1987年10月或2009年2月和3月的所有共同基金投资者那样在底部抛售，那么恭喜你。你可能会觉得自己应该做些什么，但通常来说，或者在大部分情况下，对你的投资组合最好的事就是什么都不做。

投资的社会动态

所有投资者在任何时刻都是理性的，这是个完全错误的说法，而最能驳斥该说法的，就是投资在很大程度上是一种社会活动这一事实。羊群效应之所以发生就是因为投资的社会性质，我们看到并讨论其他人在做什么，即使怀疑他们是错的，我们也会这样做。导致处置效应的其中一个原因是我们希望告诉别人自己的成功，避免告诉他们自己的失败。可得性偏差之所以扭曲了我们对风险的判断，是因为我们听说了某些信息，而这些信息通常是最突出的，也意味着它们是最具影响力的。

希勒教授的观点更为有力。他在1984年发表的一篇论文中写道："投资投机性资产是一种社会活动。投资者在闲暇时间里会花大量时间讨论投资，阅读投资方面的书籍，或者八卦别人投资的成败。"这是否会影响你实际部署资金的方式？回答这个问题是了解自己和提高收益的重要一步。

社交互动让投资者听说了他们不知道的股票或基金，也能让他们学习新的投资技巧，这是很好的事情。但想想你最近与投资有关的社交互动，问问自己这些活动是有教育意义的，还是仅仅是娱乐性质的。很不幸，我们在投资领域的社交互动很少真正有成效。

希勒继续指出："因此，投资者的行为（以及投机资产的价格）可能会受到社会活动的影响，这是合理的。在食物、衣服、健康和政治等流行话题中，人们的态度和潮流似乎经常出现变化。这种态度变化往往在人群中广泛发生，而且没有任何明显的逻辑原因。对于一些引起广泛关注的事件，人们的投资态度或投资潮流似乎也会自发地或随意地发生改变。"换句话说，相信人们在涉及金钱时是完全理性的这种想法是不可理喻的。

希勒在1984年就曾将投资描述为潮流，但他并不是20世纪80年代唯一将两者等同起来的人。1987年，罗伯特·普莱克特

（Robert Prechter）是来自华尔街的一股力量。1971年，他从耶鲁大学毕业，获得心理学学位，在摇滚乐队当了四年鼓手。1975年，他决定将自己接受的心理学训练运用到股市中，在美林公司谋得了一份工作。

将注意力转向投资之后，普莱克特发现了一本鲜为人知的书，书的名字很宏伟，叫作《自然法则——宇宙的奥秘》（*Nature's Law:The Secret of the Universe*）。这本书出版于1946年，作者是残疾人拉尔夫·尼尔森·艾略特（Ralph Nelson Elliott），来自堪萨斯州马里斯维尔镇，之前是一名会计师。艾略特假设股市在一系列时间框架内以分形波的形式波动。普莱克特成了艾略特理论的信徒，他开始逐渐相信股市不仅是波动的，而且随着国民情绪在乐观和悲观之间摇摆，这种波动受到了广泛社会趋势的驱动。

1979年，普莱克特开始为自己工作，根据自己的波浪理论出版了一份投资简讯。他在听了英国朋克乐队"性手枪"（Sex Pistols）之后，认为乐队的末日歌词，比如"没有未来，没有未来，没有未来""我是个反基督者"和"无政府主义在英国"等，标志着国民情绪的低点，也将导致美国股市的低点，他凭借该观点第一次引起人们关注。普莱克特是对的，至少他对股市走向的预测是对的。

普莱克特继续发展波浪理论，凭借自己的能力成了名人。1987年5月，他登上了《人物》杂志，向主流投资者介绍了自己的理论：情绪会影响我们的投资方式。他告诉投资者，当季较短的裙子在市场中有"明显上升趋势",建议他们购买。当被问及投资者读《女装日报》(Women's Wear Daily)是否会比读《华尔街日报》更好时,普莱克特回答说:"没错。"普莱克特后来转为看跌,他在10月初发出的警告是导致当月股市崩盘的因素之一。

英国朋克乐队晦涩难懂的歌词或裙子的长短可以让人们洞察股市的走向,这种想法很容易遭到忽视。因为这看起来既不严肃,又很牵强。但希勒教授后来凭借对资产定价的研究获得了诺贝尔经济学奖,这并没有什么不严肃的。我们是人类,我们做的每件事,包括时尚、体育、政治和投资,都与社交有关。问问自己,社会动态是否影响了你的投资方式或投资内容。如果答案是肯定的,那么社交动态很可能会损害你的投资回报。

梦幻之物

股市不知道你有什么投资,也不在乎你有什么投资。那些制造电脑、手机和电动汽车的迷人公司富有魅力的创始人不知道你有什么产品,他们也不在乎你有什么产品。买这些产品不会让你变得更有趣或更有吸引力,就像买一双篮球鞋也不会让你像你的童年偶像那样能够投进三分球。

但投资者常常考虑这些问题,因为每个人都希望自己能离开日常世界,将心灵转移到其他地方,即使只有白日梦那么短暂。一些投资者被吸引进来,认为某家新公司或某项新技术能够改变世界,他们希望参与其中。当这些投资者开始相信,无论公司的特殊之处是什么，都会对他们产生影响时，真正的麻烦就开始了。你是这样吗？你是否认为，不管当下是什么让一些公司显得特别，只要你拥有他们的股份，你也可以变得特别？当这种情况发生时，投资者就应该审视自己走到这一步的过程。在过去的一段时间里，成立于1919年的美国广播唱片公司似乎带有传奇色彩，却在1986年被当作废品出售。施乐公司（Xerox）、西尔斯公司（Sears）和柯达公司（Kodak）的故事也类似。虚幻的传奇色彩的公司也变成了落败者，只有一些公司足够幸运，生存了下来。如果你持有特斯拉、苹果或谷歌的股票，一定要提醒自己，除了公司利润外，吸引你购入的还有其他原因。

理查德·塔夫勒和大卫·塔克特教授提出了"梦幻之物"的概念，解释了互联网股票和这些公司的创始人如何成为令人着迷和渴望的对象，导致一些投资者欣喜若狂。他们指出，这种情况发展的"情感方向是可以预测的"，该过程分阶段展开。投资者最开始是断断续续地对新产品或创新感到兴奋，紧接着这种兴奋感不断增长，成为狂热或狂喜，兴奋感达到顶点之后又开始恐慌，最后是责备。

如果投资者对世界充满好奇，就很容易找到一些令人着迷的新产品和新公司。投资者甚至会相信，某家公司的创始人是个独特天才，他正在打造的产品可以让我们的生活发生根本变化，也可以让股东大赚一笔。这听起来很值得投资，投资者很可能会对这个前景感到兴奋。当情况变得像20世纪90年代的互联网股票繁荣一样，充满好奇的投资者从兴奋转变为狂热或狂喜时，他们就应该反思自己的反应，小心不要让自己卷入这种不再关乎投资成功，而是有关梦幻之物的情绪宣泄过程。你是这样的吗？

情感

对大部分人来说，情感和情绪很像，但两者存在重要区别。情绪会从两个方面影响我们的行为：快乐会导致一种反应，悲伤会导致不同反应。情感则会激发恐惧，是一种我们能感受到的感觉。不幸的是，情感在快乐这一方向上不起作用。

情感作用于感觉层面，你可能意识不到它的影响。因此，比起基于概率加权结果的客观评估，你更容易依赖由情感驱动的感受。一些研究人员表示，随着复杂性和不确定性增加，比如在股市崩盘时，情绪会成为决策中更重要的因素。当复杂性和不确定性增加时，你更倾向投入某项任务，还是像大多数人一样倾向退缩？了解这一点可以帮助你明白情感是如何影响投资决策的。很少有人喜欢模糊和复杂，但市场提供的服务总是模糊和复杂的。

我们已经讨论过风险判断是如何在情绪环境下发生的，这就是为什么准确地评估自我很重要。我们知道，如果风险对我们不利，我们会有什么感觉，就像保罗·萨缪尔森的同事知道如果赌输了会有什么感觉一样——但是那并非实际情况。

在我们做出承担风险的决定之前，情感的影响最为强大，经常决定我们是否要承担风险。在可得性偏差的影响下，投资者经常被负面情感或情绪带动。测试对象读了某位学生死于白血病的故事后，在对死于飞机失事或雷击等其他无关方式做主观估计时，就会提高事件发生的可能性。类似的情况也发生在投资者身上。可得性偏差会导致经验丰富的指数期权交易员提高对股市崩盘可能性的主观预测，部分指数期权市场在定价时，通常以股市每十年发生几次崩盘为前提。但可得性偏差和情感甚至会让普通投资者认为，股市崩盘的频率是实际情况的 10 倍。因为他们的想法是错误的，所以在投资上也会做出错误的决定。

优秀的投资者不会过度交易，也不会花很多时间来管理投资组合。但当他们坐下来配置资金或重新平衡投资组合时，就必须注意自己的情绪和情感。如果在风险判断中无法保持情感中立，那么能意识到情感的影响也是有帮助的。

锚定效应

想象一下，你在找新房子时找到了一个喜欢的，其售价为 60 万美元，你的下一步计划是什么？你会给要价打 9 折开出 54 万美元吗？或者打 9.5 折开出 57 万美元？或者其他什么价格？

有些读者可能在思考，要通过谈判从要价中减去一些钱。而另一些读者却可能在思考不同的问题：这栋房子值多少钱？这个就是一个锚定效应的例子。当你看到 60 万美元时，这个价格就成了一个锚点。对于有些读者来说，就算他们不知道这个数字和房子是否相关，他们的下一步计划还是会依赖这个数字。跟卡尼曼和特沃斯基的测试相比，60 万美元可能不像随机选择的数字那样毫无关联，但与该测试一样，这个要价是寻找实际价值的起点。说实话，你是在思考该向卖家开出什么价格，还是无视这个锚点，思考房子值多少钱？这两种思考都没有问题，事实上，如果你能想到一些价格，那这个锚点也很有启发意义。但你必须记住你受到了锚定效应的影响，要在投资时考虑到这一点。

锚定效应指的是在做决定时不恰当地依赖第一个可获取信息或最近信息的一种心理偏差。对许多投资者来说，投资组合中某只股票的锚定价格就是他们支付的价格。虽然这个锚会随着时间的推移而消失，因为会出现其他更近、更容易获得的价格，但对大部分股票来说，你支付的锚定价格都会比现在的交易价格更重要。

因为收购价格是锚定价格，所以锚定也与处置效应有关。许多投资者认为，自己的投资活动基本上围绕这个价格发生变化。如果当前价格高于锚定价格（一些研究人员将其称为参考价格），那么投资者很可能会卖出股票以锁定利润。如果当前价格低于这个参考价格，投资者就不太可能卖出并锁定损失。不管股价是升高了2美元到102美元，还是降低了2美元到98美元，市场都不知道你为这只股票花了多少钱，为什么你的反应还会完全不同呢？

和许多行为偏差一样，受锚定效应影响意味着投资者关注的不是一只股票未来可能会发生什么，而是它已经发生过了什么。这就像开车时看后视镜而不看挡风玻璃一样。回顾过去是一种糟糕的投资组合管理方式，如果你回顾时看到的是过去最难忘的情况，那就更糟糕了。

随着时间推移，买入价格将逐渐不再是锚定的参考价格。是什么取代了购入价格？通常来说，新的参考价格是各种价格的组合，包括最近价格、买入价格和出于各种原因让人印象深刻的价格，但投资者更新或改变参考价格的速度取决于他们买入股票后股价是上涨还是下跌。如果股价上涨，投资者更新参考价格的速度往往比股价下跌时更快。这是处置效应的另一种体现，也是前景理论的另一种版本。人们获得利润时倾向规避风险，而遭遇损失时则倾向寻求风险。

克服锚定效应的方法是忘掉你的买入价格，记住每只股票的价值只取决于当前市场的行情。除了税务问题，你在六个月或两年前所付的钱毫无参考意义。接着设定一个对自己有意义的时间框架，问问自己，在这段时间之后，这只股票会是什么情况，原因是什么。我们无法得知股票的未来情况，但如果其他投资者过度反应时，你能做出稳定的基本反应，如果股票收益下跌时，你能及时抛售股票，那就坚持下去。如果你的答案与股票走势有关，那么你的思考就没有成效。

金融关注

我们希望投资者买的是最好的股票。但事实是，他们买的是能吸引他们注意力的股票。股票可以凭借异常高的交易量或大幅的价格变动来吸引投资者的注意力。这些股票吸引投资者可能只是因为其公司的创始人或首席执行官行为古怪，擅长社交媒体。股票吸引投资者的另一种方式是因成为"明星股票"而出名，就像一些好莱坞明星一样。有一组股票做到了这一点，这组股票称为"漂亮50"（Nifty 50）。

"漂亮50"是由大约50只知名股票组成的股票组合，在20世纪60年代和70年代初吸引了华尔街的大部分注意力。人们普遍认为这些股票是有望增值的最佳投资选择，因此投资者纷纷涌入；在财经节目出现之前的那个时代，普通投资者通常只听说过这50只股票。

一家公司要想加入其中，只需拥有吸引眼球的故事和增长潜力。"漂亮50"本身并不是指数，其股票并没有明确的名单，这些公司涵盖了从零售商到科技等各个行业。那些常被提及的公司甚至也没有广泛意义上的共同点。其中，施乐公司是一家科技公司，雅芳公司（Avon）销售化妆品，可口可乐公司（Coca-Cola）生产苏打水；有的是生产工业化学品或啤酒的公司，有的是制药公司、银行和零售商。施乐公司并不是唯一一家科技公司，国际商业机器公司（IBM）和德州仪器（Texas Instruments）也是其中的一员。但是，为家庭主妇制作缝纫图案的帕藤公司（Simplicity Pattern Company）也属其中。"漂亮50"股票常出现在财经杂志上，每当谈到投资时就会被提及。这些股票吸引了投资者的关注。

这种广泛关注加上随之而来的买入压力，让这些股票变得异常昂贵，这一切往往只是因为它们是著名"漂亮50"的一部分。在可口可乐公司播出"我想给世界买一杯可口可乐"的奇妙广告之前，在其灾难性的新可口可乐推出之前，该公司也是"漂亮50"的一部分。一些投资者认为可口可乐公司的销售额会大幅增长，在1969年年底，该公司市盈率为36，这意味着其股价是公司每年每股净利润的36倍，而其股息收益率（每年股息除以股价）仅为1.7%。在10年期美国国债收益率为7.9%的情况下，1.7%的收益率并不算多，但可口可乐公司太出名了，所以投资者愿意支付更高价格。

施乐公司是"漂亮50"的另一个成员，这是可以理解的，因为该公司是当时领头的几家科技公司之一。1959年，该公司推出了第一台商用复印机，这家曾经摇摇欲坠的相纸制造商引起了一时轰动。1969年年底，该公司的市盈率为42，但股息收益率只有微不足道的0.8%。

雅芳公司比这两家公司的股价都贵，市盈率为57，而股息收益率仅为1.2%。1886年，大卫·麦可尼（David McConnell）创立了雅芳。一开始，他只是在挨家挨户地卖书，把化妆品和香水作为礼物赠送给女性顾客。后来，他意识到顾客对美容产品比对书籍更感兴趣，于是可想而知，他做出了改变。1896年，麦可尼聘请了第一位女性代表，那就是后来的公司标志雅芳女士，当时雅芳公司还叫加州香水公司。20世纪20年代，受莎士比亚故居的启发，该公司改名为雅芳。1969年，该公司的年销售额接近10亿美元，是华尔街的宠儿，因为名气大，所以为投资者所熟知，股价也很昂贵。

美国迪尔公司（The John Deere Company）已经生产了50年农具了，公司成立时间比以上三家公司都要早。1963年，该公司成为美国最大的农业设备和拖拉机制造商，利润丰厚，远远领先于竞争对手。其股价也比可口可乐公司、施乐公司和雅芳公司便宜，但因为迪尔公司不在"漂亮50"中，所以没有受到像这三家公司一样的关注。1969年年底，迪尔公司的市盈率为12，股息收益率为5.3%。迪尔公司的股价比可口可乐公司便宜三分之二，与施乐公司和雅芳公司相比也更便宜。

一家公司之所以拥有较高市盈率，是因为投资者相信该公司在未来几年利润将增长，"成长"到华尔街赋予的估值。这种情况偶尔会发生，支付溢价的投资者因此就会觉得自己是正确的。但支付溢价并没有留下太多犯错空间，这些股票通常会在熊市期间遭受重创。一旦提高盈利的希望消失了，喜欢支付高价的投资者就会愿意卖出自己能得到的任何东西。通常来讲，这是对下跌的过度反应，但其根源在于最初受注意力驱动而对上涨的过度反应。

1970年，股市的情况不算很好，道琼斯指数只上涨了4.8%。"漂亮50"中的高价股票更是没涨多少。可口可乐公司仅上涨3%。雅芳公司的表现略好一些，上涨了3.2%。但施乐公司下跌了18.2%。不受投资者欢迎的迪尔公司仍然不受欢迎，在1970年下跌了4.9%。

紧接着是20世纪70年代初的熊市。1973年至1974年的首次阿拉伯石油禁运粉碎了美国在该地区拥有地缘政治权力的幻想，在这段时间之前，投资者对阿拉伯地区并不太关注。油价从每桶3美元上涨到每桶12美元。政治丑闻导致有史以来第一次美国总统辞职。从1969年年底到1974年年底，道琼斯指数下跌了23%。

价格更高的股票跌幅也更大。从1969年年底到1974年年底，可口可乐公司下跌了35.6%。施乐公司下跌了51.3%，雅芳公司下跌了66.5%，几乎是其价值的三分之二。

几乎每只股票都有所下跌，但那些以合理价格出售的稳健企业表现优于那些"因出名而出名"的企业。从1969年年底到1974年年底，迪尔公司上涨了97.7%。

现如今财经媒体众多，你的注意力自然会被吸引到某些股票或基金上。但你必须问问自己，你是如何了解到自己正考虑投资的那些股票的。是在所有可选项中仔细搜索得来的吗？还是和朋友聊天（一种社交互动）时得到的？或者是从电视或互联网上听说的，因为该公司做出了什么大动作或做了一大笔交易？后两项都不是值得投资的理由。当你知道这个消息时，消息已经四处传遍了，这就是你应当远离这些股票的理由。你可能认为这是个不公平的难题：如果我不能从朋友那里听说它们，不能从报纸上读到它们，也不能在媒体上看到它们，我又该如何发现它们呢？问问自己，你通过这些方式听说的投资标的是否真的可以在投资组合中占据核心地位，还是只是不重要的次要内容。尽管它们占据了你大部分注意力，仍然不能真正改变你的投资回报。

短视损失规避

短视损失规避是多种因素共同作用的结果。首先，人们对亏损的厌恶甚于对利润的喜爱，这是一种众所周知的倾向。其次，投资者关注投资结果的频率，他们倾向过度关注短期结果，而不考虑适合自己的时间框架。最后，人们倾向单独看待每一项投资，而不是整体审查投资组合。问问自己是否容易受到这些因素的影响，所有这些因素结合在一起就会损害投资组合的长期表现。

经常评估投资组合的投资者倾向规避风险，因此他们会将较少的资金配置在风险较高的股票上，将较多的资金配置在债券等风险较低的投资方式上，或干脆以现金等无风险资产形式保存。如果你真的将投资组合的时间与使用这笔钱的时间相匹配，那么比大多数投资者承担较低风险并没有什么错，但如果你投资的是孩子的大学基金，那么一年的时间就不合适了。从很多方面来说，战胜短视损失规避的方法就是设定好你的投资组合，然后忘掉它。如果账户余额变化莫测可能会导致你承担的风险低于适当水平，那么就任其产生复利并积累，而不要去做评估。你能做到吗？如果不能，问问自己为什么不能做一件合适的、可能会带来更好回报的、更容易的事情。你是那种等不及水开的人吗？你是那种不采取任何行动就迫不及待等待投资增长的人吗？为什么？

有些投资者受短视损失规避影响的另一个原因是，他们倾向单独看待投资组合的每个组成部分，而不是将其视为一个整体。尽管投资组合整体表现良好，但还是执着于其中的某只亏损股票，就会导致不合逻辑的行为和更多风险规避。请记住，投资组合的优势在于其多样化，单个组成部分在本周或本月的表现无关紧要。你要做的是长期投资，你的行为也要符合长期投资的做法。

过度交易

传统经济学家认为,每天的换手率是完全不合逻辑的。在21世纪的最初10年里,纽约证券交易所股票的年平均换手率是180%,这意味股票平均每7个月转手一次。在2008年,换手率为282%,股票平均每4个月转手一次。这是投机,不是投资。那你呢?你是投机者还是投资者?你应该怎么做?

即使在2010年10月市场恢复正常之后,交易发生的频率也很高,在长期投资者看来并不算明智。2013年至2016年的换手率在160%左右徘徊。

严谨的长期投资者每年更换两次投资组合是否合理?答案是不合理。但整体而言,投资者都会这么做,因为有些投资者实际上是寻求刺激的赌徒,而另一些投资者则过于自信,认为自己知道的比实际更多,或者认为自己能够解开股市的谜团,觉得自己在过去预见到了崩盘的到来。交易和很多事情一样,少量交易是好的,因为你需要建立投资组合,时常确保该组合足够多样化等。过多交易会损害回报,因为你需要支付佣金。即使对那些不支付佣金的人来说,买卖价差的成本也可能很高,尤其是在每天多次买卖大量股票的情况下。毫无疑问,你很少会按出价买卖。即使投了限价单,你通常也只会在市场愿意以这个价格卖出的时候买入股票,在市场愿意以这个价格买入的时候卖出股票。

过度交易对普通投资者的伤害有多大?一项研究根据1991年至1996年的月营业额将美国家庭分成五等份,每一份约有1.3

万户家庭。在此期间交易最多的一份，在扣除交易成本（包括佣金）后，平均年回报率为 11.4%。交易最少的那一份，可以说是包含了真正的投资者，而不是投机者，他们的回报率达到了 18.5%。减少交易量每年回报率会增加 7.1%。顺便一提，标准普尔指数同期的平均年回报率是 18.4%，包括股息。这些真正的投资者回报率略高于标准普尔指数，而大量交易的人们则大幅落后。你更想成为哪一种？你现在是哪一种？

涉及金钱时，我们很难知道自己是否容易受到许多行为偏见的影响。处置效应涉及大脑中的化学物质的功能，成瘾研究证明，每个人在这方面都有所不同。有些人可能屈服情感，比其他人更容易受情绪影响。但想要知道谁会过度交易是很容易的。过度交易的人往往是男性，尤其是单身男性，因为他们往往最容易过度自信，这种自信是错误的。

避免过度交易的方法是，交易到能够执行自己多样化投资计划的程度就可以了。没错，额外做一点交易的确有助于克服信息过载，这在股市情况糟糕的时候是有益的，所以你可以继续交易，但要问问自己继续交易的原因是什么。是为了追求交易的刺激感吗？然后再问自己一次。承认就是这个原因也没关系。事实上，承认就是这个原因是值得称赞的。但如果是为了追求感官刺激，还不如去看恐怖电影、坐附近的过山车呢。

我们可以把投资视为一种社会活动，我们更关注邻居说了什么、新闻中突出了什么，而不是自己了解到了什么。其结果就是我们会选择最耀眼的股票，而不是最好的股票，我们的行为偏差只能帮我们做出最次优的选择。在这种情况下，我们的投资组合也不够多元化。

关键是要问问自己，你是如何注意到这只股票的，它的基本回报率是多少。然后让自己一个月后重新审视这只股票，在日历上标记日期。到那时，你可以重新审视这个潜在投资对象，而不再只是因为该股票具有显著性，因为届时它将不再是耀眼的新兴股票。我们要做的是投资，而不是交易，因此30天的等待期对长期回报没有什么影响。事实上，当你意识到自己30天前脑子里在想些什么，再去做其他事情时，反而会产生积极的影响。

如果你仍然做不到这些，可能是时候聘请专业人士来管理你的投资了。你可以向他们求助，只不过他们也可能受到行为偏差的影响。

焦虑投资者的清单

在这一章里，我们用新的方式研究了一些重要的行为偏差，没有考虑具体的历史背景，从而更好地将这些行为偏差与我们的个人经历结合在一起。问问自己，你是否受到了这些行为偏差的影响。问问自己，你如何获得了投资想法、如何评估这些想法、怎样执行这些想法、为什么执行这些想法，以及一旦这些股票成为你投资组合的一部分，你要如何管理它们。没人会评判你，所以你要诚实回答。之后，你要为自己的进步和个人成长感到骄傲。通过审视自己的行为方式和行为原因，你能够成为更好的投资者。

投资是一项高尚的事业。延迟今天的满足是为了给自己和他人提供一个更好的未来。但你本身也是成功投资的最大障碍。你可以通过反省和思考来补救。去做吧。

在 20 世纪 40 年代，美国人对第二次世界大战的进程感到焦虑，包括那些在得梅因市扬克兄弟百货购买战争债券的人。如果现在股市看起来要崩溃了，你的退休金或孩子上大学的基金也将随之而去，在这种情况下，你可能会感到紧张。你想象的场景肯定会比现实更糟糕。一些人认为，在 2008 年至 2009 年的大衰退之后，他们的财务状况将永远无法恢复。但那些没有过度购买住房或没有受到行为偏差影响的人并没有受到太大影响，只是对整个事件感到有点不安。请记住，这是焦虑的投资者应该吸取的教训。开始投资要有逻辑，投资期间要坚定，最后你就会获得成功。

致　谢

只有当你静下心来想要感谢每一个对你的工作有所助力的人时，你才能意识到有多少人为你提供了帮助，你对他们有多么依赖。

首先衷心感谢哈珀·柯林斯出版集团的尼克·安夫利特（Nick Amphlett）让我产生了写这本书的想法。他明白这个话题最终会变得多么丰富多彩，写起来会多么有趣。

感谢"图书发行"（Launch Books）文稿代理公司的大卫·福盖特（David Fugate），多亏了他，这本书才得以面世。没有他，这一切都不会发生。大卫是个很好参谋，帮我做了很多必要的事实核查工作。

感谢约瑟夫·戴维斯（Joseph Davis），他提供了很多资源，帮我追踪了一些失效和退市股票的价格。可能你会觉得，找到互联网泡沫中惨败案例的股价并不难，即使约瑟夫做起来似乎的确游刃有余，但我知道事实并非如此。

感谢米歇尔·姆万吉（Michelle Mwangi）帮助我查找更多数据。

感谢霍桑战略集团（Hawthorne Strategy Group）那些聪明人的帮助，他们十分慷慨地提供了创意和营销方面的支持。

写这本书需要阅读大量学术论文，许多颇有成就的教授在百忙之中依然乐于回答问题、给予指导，这让我感激不尽。感谢这些为人慷慨的教授：

加州大学伯克利分校的特伦斯·奥丁教授是世界上研究投资者过度自信的专家之一，他为人亲切友好，提供了很多资源。他的学术论文可读性也非常强。

伦敦大学学院的大卫·塔克特教授及其研究伙伴理查德·塔夫勒就幻想中的人际关系如何影响我们对金融世界的看法以及如何影响我们的投资选择做了精彩研究。塔克特教授非常热心地帮我解答了一些心理问题，在投资者着迷于新颖产品和传奇的创始人时，这些心理问题就会潜意识地发挥作用。

明尼苏达大学的安德鲁·奥德里兹科（Andrew Odlyzko）教授是全球研究牛顿在南海泡沫中遭遇的顶尖专家，他在纠正我的错误和误解方面给予了很大帮助。当时有些材料要么很难找到，要么很难阅读，奥德里兹科教授非常热心地帮我解决了这些问题。

犹他大学的迈克·库珀（Mike Cooper）教授分享了他整理的利用互联网泡沫改名的公司名单。他同奥林·迪米特洛夫（Orlin Dimitrov）和拉格范德拉·劳（Raghavendra Rau）合著的论文《玫瑰网易名》（*A Rose.com by Any Other Name*）（译者注：化用自莎士比亚名著《罗密欧与朱丽叶》里的经典对白，原文为"A rose by any other name would smell as sweet"，意为"玫瑰易名，芳香依旧"）以引人入胜的视角窥见了互联网泡沫的疯狂。

感谢路透社的萨奇布·艾哈迈德（Saqib Ahmed）帮忙调查

了一些不明确的公司股价,包括名字奇特的纽约百吉饼交易所(New York Bagel Exchange)的股价。

感谢投资公司协会(Investment Company Institute)提供的共同基金流量数据。

最后,感谢每一位阅读初稿并提供反馈的人。帕特·卡费拉塔(Pat Cafferata)和麦克·卡费拉塔(Mike Cafferata)和我是几十年的好朋友,他们是最先加入阅读的人,给我提供了巨大帮助。

基思·科尔斯托克(Keith colstock)也是我很好的朋友,基思是一位非常有见解的投资专业人士,他提供了一些独到的见解。

马克·艾比西(Mark Absy)也是一位金融专业人士,他提供了一些重要的想法,当我的写作从重点跑偏到细枝末节时,他能毫不犹豫地指出来。

比尔·马赫(Bill Maher)、丹尼斯·杜邦(Dennis Dupont)和罗布·伦纳德(Rob Leonard)都提供了有益的评论和想法。特别是比尔,他会指出那些没有用的内容,鼓励我删掉那些写了几周但并无实际意义的篇幅。丹尼斯和罗布也起了很大作用,他们愿意在一个星期里花大量时间谈论这本书,就连在我们徒步旅行或打高尔夫球时,他们也愿意讨论。

此外,还有十几个人愿意花费时间给予帮助,我很感激。

当然,感谢文迪(Wendi)对我的容忍,尤其是在我的写作进展不顺利时。她是最好的伴侣,我感到十分幸运。

参考资料

道琼斯指数和标准普尔500指数的收盘点位分别来自道琼斯公司（Dow Jones & Company）和标准普尔公司（Standard & Poor's）。纳斯达克指数的收盘点位来自纳斯达克公司（Nasdaq, Inc.）。大多数个股的价格，特别是失效股票的价格，来自芝加哥大学证券价格研究中心（CRSP）。其他资产类别的数据来自耶鲁大学等多种渠道，包括失业数据和联邦基金利率在内的宏观经济数据大部分来自圣路易斯联邦储备银行（St. Louis Federal Reserves）的美联储经济数据库（FRED）。

有关所谓"大衰退"的文章有很多，在写作时资料来源极其丰富。有关互联网泡沫和南海泡沫的报道少之又少，但对于感兴趣的读者来说，关于每场泡沫的报道也足够多。

前言

扬克兄弟百货的故事，及其在第二次世界大战中的扮演的角色，来源于2014年冬季刊《爱荷华年鉴》（*The Annals of Iowa*）第73卷的《首先是战争，然后是未来：第二次世界大战期间的扬克百货公司和公民形象的投射》（"First the War, Then the Future: Younkers Department Store and the Projection of a Civic Image during World War Ⅱ"）一文。

第二次世界大战的成本估计来自国会研究服务处2010年6月29日发表的《美国主要战争成本》("Costs of Major U.S. Wars"),作者为国防政策和预算专家斯蒂芬·达格特(Stephen Daggett)。

南海泡沫事件

有关牛顿的传记有很多,虽然他的生平故事广为人知,但关于他名字的问题只有一小部分研究人员才了解。理查德·韦斯特福尔(Richard Westfall)的《永不停歇:艾萨克·牛顿传记》(*Never at Rest, A Biography of Isaac Newton*)就包含了对牛顿名字的介绍,还包含了许多牛顿在不同时代的形象。

关于南海泡沫的报道有很多。最早描述这一现象的人之一是查尔斯·麦凯(Charles Mackay),写在其1841年出版的《人类愚昧疯狂趣史》(*Memoirs of Extraordinary Popular Delusions and the Madness of Crowds*)一书中。著名经济学家约翰·肯尼斯·加尔布雷斯(John Kenneth Galbraith)在其著作《金融狂热简史》(*A Short History of Financial Euphoria*)中也有提及。戴尔(Dale)、约翰逊(Johnson)和唐(Tang)在《金融市场也疯狂:南海泡沫期间非理性行为的证据》("Financial Markets Can Go Mad: Evidence of Irrational Behavior During the South Sea Bubble")中更具体地描述了认购计划,该文章发表在*Economic History Review*, LVIII, 2,(2005), pp. 233-271。英国国家档案馆(British National Archives)也有大量关于南海泡沫的信息。安德鲁·奥德利兹科(Andrew Odlyzko)教授是认购协议各个方面

的最终决定者，也决定了牛顿的投资活动。他写了大量关于这两方面的文章，分享了他的见解和对具体细节的理解，包括《飞行邮报》（*Flying Post*）的文章，并通过电子邮件与作者联系。南海公司股票的历史价格有多种来源，包括耶鲁大学管理学院、国际金融中心、南海泡沫1720项目等。

《旧约》中提到的根据随机抽签分配土地的方法出现在《民数记》第26章第55节。2017年2月1日，芝加哥联邦储备银行（Federal Reserve Bank of Chicago）的弗朗索瓦·R.维尔德（Francois R. Velde）在《18世纪的彩票贷款》（"Lottery Loans in the Eighteenth Century"）一文中讨论了彩票贷款和其他彩票作为公共福利筹集资金方式的历史。

虽然"动物精神"一词以前曾被用于其他语境，但它在经济学语境中的第一次出现是在凯恩斯1936年出版的《就业、利息和货币通论》一书中。

关于投资者感官追求的文章很多。针对对冲基金经理这一现象的论文包括布朗（Brown）、陆（Lu）、雷（Ray）和特奥（Teo）于2018年9月发表的《感官追求与对冲基金》（"Sensation-Seeking Hedge Funds"）。2009年3月，格林布拉特（Grinblatt）和科罗阿路（Keloharju）撰写了题为《感官追求、过度自信和交易活动》（"Sensation Seeking, Overconfidence, and Trading Activity"）的论文，分析了芬兰个人投资者的驾驶模式。这两篇论文都发表在《金融杂志》（*The Journal of Finance*）上。

凯恩斯在其著作《就业、利息和货币通论》的"长期预期状态"一章中提到了"赌博本能"。

关于1720年伦敦公共咖啡馆作为金融中心的资料来源众多，包括普林斯顿大学出版社（Princeton University Press）的《咖啡馆、媒体和错误信息》（"Coffee Houses, the Press and Misinformation"），这是"讨论某些事件对大多数股票交易公司的价格有多大影响"一句的引用来源。

爱德华·钱塞勒（Edward Chancellor）在《资本的游戏：金融投机史》（*Devil Take the Hindmost—A History of Financial Speculation*）一书中巧妙讲述了南海泡沫的故事，他在第67页描述了认购活动的细节。安德鲁·奥德利兹科在众多出版物中提供了牛顿活动的明确细节，包括2017年11月13日发表的《牛顿在南海泡沫中的金融灾难》（"Newton's Financial Misadventures in the South Sea Bubble"），以及2020年7月1日发表在《今日物理》（*Physics Today*）的《艾萨克·牛顿与南海金融危机》（"Isaac Newton and the Perils of the Financial South Sea"）。

有关大脑活动等处置效应的信息来源于贝兹-门多萨（Baez-Mendoza）和舒尔茨（Schultz）于2013年12月10日发表在《神经科学前沿》（*Frontiers in Neuroscience*）上的《纹状体在社会行为中的作用》（"The Role of the Striatum in Social Behavior"）一文。如果投资者避免处置效应，大脑化学物质就会缺乏令人愉悦的刺激，相关细节可以在《金融决策的心理学和神经科学》（"The Psychology and Neuroscience of Financial Decision

Making"）一文中找到。该论文由弗莱德曼（Frydman）和卡默勒（Camerer）撰写，发表在 Trends in Cognitive Sciences, September 2016, pp. 661–675。文中提到的另一项研究来自塞鲁（Seru）、沙姆韦（Shumway）和斯托夫曼（Stoffman）的《通过交易学习》（"Learning by Trading"）。有关专业基金经理的研究来源于《处置效应和势头如何影响专业投资人员》（"How the Disposition Effect and Momentum Impact Investment"），发表在 The Journal of Investment Consulting, Volume 8, Number 2, summer 2007。关于投资者在下跌市场中屈服于处置效应，以及处置效应在随后的恢复过程中产生影响的信息，来源于巴纳德（Barnard）、卢斯（Loos）和韦伯（Weber）于2021年2月发表的《繁荣与萧条市场中的处置效应》（"The Disposition Effect in Boom and Bust Markets"）。克利夫兰联邦储备银行（Federal Reserve Bank of Cleveland）的罗利·海默（Rawley Heimer）在《同辈压力：社会互动与处置效应》（"Peer Pressure: Social Interaction and the Disposition Effect"）一文中对处置效应的社会方面进行了讨论，其中包含加入社交网络会使处置效应的程度增加近一倍的观点。

1997年12月，特伦斯·奥丁在《投资者是否不愿意意识到自己的损失》（"Are Investors Reluctant to Realize Their Losses"）一文中描述了对卖出盈利股票和保留亏损股票的回报进行量化的研究。金（Kim）和诺夫辛格（Nofsinger）所写的《牛市和熊市期间日本个人投资者的行为》（"The Behavior of Japanese

Individual Investors During Bull and Bear Markets"）一文详细介绍了1984—1989年牛市期间日本投资者的表现。

所有南海公司订购活动的细节均来源于戴尔、约翰逊和唐的《金融市场也疯狂：南海泡沫期间非理性行为的证据》。

关于南海公司的广泛流行成为聊天话题的来源有很多，其中包括哈佛大学图书馆的展览"1720年南海泡沫"（The South Sea Bubble, 1720）。

利用南海公司热潮而成立的"泡沫公司"的相关资料来源于卡斯韦尔（Carswell）的《南海泡沫》（*The South Sea Bubble*）、麦凯的《人类愚昧疯狂趣史》和的钱塞勒的《资本的游戏：金融投机史》。奥德里兹科在《金融历史》（*Financial History*）2020年冬季刊的《一项具有巨大优势的事业，但没有人知道这是什么——泡沫和轻信》（"An Undertaking of Great Advantage, But Nobody to Know What It Is—Bubbles and Gullibility"）一文中讨论了故事最异乎寻常的情况。关于"轻信投资者"的引文来源于《商业起源的历史和年代学演绎》（*An Historical and Chronological De duction of the Origin of Commerce*）第三卷。

牛顿购买和出售南海公司股票的细节来源于奥德里兹科的《艾萨克·牛顿和南海金融危机》（"Isaac Newton and the Perils of the Financial South Sea"）。南海公司的总市值是英国国内生产总值的五倍这一事实是在奥德里兹科发给作者的电子邮件中说的。

人类的过度自信已经得到了广泛研究，过度自信在交易和投资的背景下也是一个相当丰富的主题。关于过度自信的第一项、也是最引人注目的一项学术研究，描述了我们中的大部分人是如何认为自己的驾驶水平高于平均水平的。欧拉·斯文森在1981年开展了这项研究，其名为"我们是否比同行司机冒的风险更小、技术更熟练"。2015年，埃尔克（Elk）、鲁特因斯（Rutjens）和普里戈特（Pligt）进行了一项名为"7~12岁儿童和成人的控制幻觉和主动控制感的发展"（"The Development of the Illusion of Control and Sense of Agency in 7- to 12-Year-Old Children and Adults"）的研究，研究内容是过度自信会随着年龄而增长。

奥丁的论文《投资者交易太多了吗》（"Do Investors Trade Too Much"）描述了导致过度交易的过度自信。

卡尼曼和里佩（Riepe）的《投资者心理的各个方面》（"Aspects of Investor Psychology"）一文得出这样的结论：气象学家和赛马手作为专业人士能够同步（或"很好地校准"）自信和实际能力。

美国国家经济研究局（NBER）发表了一篇题为《1987年10月股灾中的投资者行为：调查证据》（"Investor Behavior in the October 1987 Stock Market Crash: Survey Evidence"）的论文，描述了罗伯特·希勒教授在1987年股灾后立即对投资者进行的调查。这篇论文为工作论文第2446号。

关于女性和男性在过度自信和各自投资方法方面的差异，最早的证据来源于巴伯和奥丁在2001年2月的《经济学季刊》（*The Quarterly Journal of Economics*）上发表的《男孩就是男孩：

性别、过度自信和普通股投资》("Boys Will Be Boys: Gender, Overconfidence, and Common Stock Investment")。

关于最近亏损的投资者所承担的风险研究来自贝里尔·张（Beryl Chang）的《投资者行为和经济周期》("Investor Behavior and Economic Cycles")。

关于在常识测试中回答问题时的过度自信，以及那些完全确定自己回答正确的人中有16.9%的出错概率的研究，来源于菲舍夫（Fischoff）、斯洛维奇（Slovic）和列支敦士登（Lichtenstein）于1977年发表的《确定性认知：极端自信的恰当性》("Knowing with Certainty: The Appropriateness of Extreme Confidence")一文。

美国国际集团及其因信用违约掉期而蒙受巨额损失的故事已经讲述过多次了，其中也包括作者的上一本书《崩溃和救援》(*A History of The United States in Five Crashes*)。

希勒关于社会互动等"利益传染"的调查来源于1986年3月由希勒和庞德（Pound）合著的《机构投资者间利益扩散的调查证据》。

保罗·萨缪尔森在1963年发表的《风险与不确定性：大数的谬论》("Risk and Uncertainty: A Fallacy of Large Numbers")一文中讲述了他提出的抛硬币赌局以及同事为何拒绝参与。

研究前景理论和损失规避的人有很多。关于前景理论第一篇论文是卡尼曼和特沃斯基的《前景理论：风险下的决策分析》("Prospect Theory: An Analysis of Decision Under Risk")，发表于1979年3月的《计量经济学》(*Econometrica*)。

从损失规避到寻求风险的转变得到了大量研究。理查德·塞勒教授在其著作《不当行为》(*Misbehaving*)的第30章对此进行了讨论。穆赫塔尔·阿里(Mukhtar Ali)发表在《政治经济学杂志》(*Journal of Political Economy*)上的《赛马场投注者的概率和效用估计》("Probability and Utility Estimates for Racetrack Bettors")、拉里·斯维德罗(Larry Swedroe)的《谁买了彩票股票》("Who Buys Lottery Stocks")以及索贝尔(Sobel)和瑞恩斯(Raines)的《赛马场投注中的高风险偏好——夺冠热门选手的经验导数检验》("An Examination of the Empirical Derivatives of the Favorite—Longshot Bias in Racetrack Betting"),介绍了赛马场投注者的高风险赌注为何过多,以及他们如何在一天结束时变得更愿意冒险的细节。

关于南海股票崩盘恐慌的信息来源于阿普尔比于1720年10月1日出版的《原创周刊》(*Original Weekly Journal*)。

关于后悔的说明,还有产生行动的决定比没有产生行动的决定更好的观点,来自大卫·赫斯勒(David Hirschler)《投资者心理和资产定价》("Investor Psychology and Asset Pricing")的第12页。密苏里大学(University of Missouri)法学副教授克里斯·格斯里(Chris Guthrie)的《和解比后悔好:诉讼行为的后悔厌恶理论》("Better Settle Than Sorry: The Regret Aversion Theory of Litigation Behavior")认为,一些诉讼当事人选择和解是为了避免后悔,而不是为了减少或消除风险。

对现状偏见的有趣分析来源于威廉·萨缪尔森（William Samuelson）和理查德·泽克豪泽（Richard Zeckhauser）发表于1988年的《决策中的现状偏见》（"Status Quo Bias in Decision Making"）。"新可口可乐"惨败的故事来源于可口可乐公司官方网站的公司历史板块。

有关纽约市天气与在纽约证券交易所上市股票收益之间相关性的信息，来源于赫斯克雷弗（Hirschliefer）和沙姆韦于2003年发表的《阳光明媚：股票收益与天气》（"Good Day Sunshine: Stock Returns and the Weather"）。在俄亥俄州立大学足球队获胜后的几天里，俄亥俄州彩票销售的数据来源于阿克斯（Arkes）、赫伦（Herren）和艾森（Isen）合著的《潜在损失在情感影响冒险行为时的作用》（"The Role of Potential Loss in the Influence of Affect on Risk-Taking Behavior"）。

互联网泡沫

虽然有人写过有关南海泡沫的文章，但与有关互联网泡沫和崩溃的文章相比，这些都相形见绌。其中约翰·卡西迪（John Cassidy）所著的《网络公司：网络时代美国理念和投资失误分析》（*dot.con, How America Lost Its Mind and Money in the Internet Era*）很有参考价值。

有关网络世界公司骗局的细节来源于几篇《洛杉矶时报》（*Los Angeles Times*）的文章，其中包括沃尔特·汉密尔顿（Walter Hamilton）在1999年12月16日发表的一篇文章。美国有线电视新闻网也报道了这个骗局及其后果。在1999年12月17日的《华尔街日报》（*Wall Street Journal*）上，丽贝卡·巴克曼（Rebecca Buckman）报道了为何网络世界公司的倾销案对该公司股票来说是"好消息"。

有关互联网诞生的故事已经讲过很多次了。万维网基金会（World Wide Web Foundation）的网站上描述了蒂姆·伯纳斯·李的贡献。卡西迪（Cassidy）和吉姆·克拉克（Jim Clark）的传记《网景时代》（*Netscape Time*）讲述了马赛克浏览器的开发过程、马克·安德森迁往硅谷的故事以及网景公司的创立。1993年12月8日，《纽约时报》发表文章歌颂了第一代浏览器的优点。有关雅虎、美国在线、eBay和其他早期基于网络的企业信息来源广泛，包括eBay自己的网站。

有关约翰·D.洛克菲勒和标准石油公司的信息来源于罗恩·切尔诺（Ron Chernow）所著《工商巨子：洛克菲勒传》（*Titan: The Life of John D. Rockefeller, Sr.*）一书。

梦幻股票以及投资者被"运输"的概念来源于大卫·塔克特和理查德·塔夫勒教授合著的论文。这些论文包括2008年发表在《国际精神分析杂志》（*International Journal of Psychoanalysis*）上的《梦幻对象与金融市场的现实感：利用精神分析理解股市的不稳定性》（"Phantastic Objects and the Financial Market's Sense of Reality: A Psychoanalytic Contribution to the Understanding of Stock Market Instability"），以及2005年3月发表的《精神分析对网络公司股票估值的解释》（"A Psychoanalytic Interpretation of Dot.

com Stock Valuations"）。第二篇文章特别指出，"投资者在情感上被（互联网泡沫）闹剧所吸引"。塔克特教授还热心地通过电子邮件与作者分享了他的见解。"运输"的概念在梅兰妮·C.格林（Melanie C. Green）和蒂莫西·C.布洛克（Timothy C. Brock）合著的《"运输"在公共叙事说服力中的作用》中得到了具体的讨论，这篇文章来源为 *Journal of Personality and Social Psychology*, 2000，Vol. 79，No. 5，pp. 701–721。

关于"心智份额"一词的信息来自2021年5月谷歌词频统计器对"心智份额"的搜索结果。关于"估值并不有用"的引用来自《纽约时报》对亨利·布罗吉特（Henry Blodget）关于互联网资本集团的采访。该文章的作者是格雷琴·摩根森（Gretchen Morgenson），发表于2001年3月18日。

美国在线在1998年11月收购网景公司的详情，来源于彭博社（Bloomberg）、《华尔街日报》、美国有线电视新闻网等各个媒体。

关于早期互联网公司的信息来源广泛。2000年2月14日，《华尔街日报》刊登了乔治·安德斯（George Anders）撰写的一篇报道，其中描述了Kozmo.com和星巴克之间的协议。Kozmo公司高管关于网上零售的这句话来自纪录片《互联网之梦》（*E-Dreams*）1：09：31处。

关于Pets.com的详细信息随处可见，其中包括阿琳·温特劳冬（Arlene Weintraub）于2000年3月5日在彭博社发表的一篇文章。关于袜子玩偶吉祥物的信息来源于2000年12月11日的《广告周刊》（*AdWeek*）。那些最终失败的新兴网络公司的超级碗广告可以在油管（YouTube）上观看。

近因偏差现象在许多论文中都有解释，包括《金融经济学手册》的第22章"个人投资者的行为"。关于"本土偏好"以及投资者喜欢投资于其所在行业的公司或总部位于其附近公司的倾向，来源于赫什·舍夫林（Hersh Shefrin）《金融行为主义化》"Behavioralizing Finance"的第26页，该文章发表于*Foundations and Trends in Finance*, Vol. 4，Nos. 1–2，2009。

可得性偏差在卡尼曼和特沃斯基的《可得性：对频率和概率的启发式判断》（"*Availability: A Heuristic for Judging Frequency and Probability*"）一文中有所讨论，这篇文章发表在*Cognitive Psychology*, 1973，4，pp. 207–232。

死亡原因数据来自美国疾病控制与预防中心。

情感影响在许多学术论文中都有讨论，包括2017年12月8日发表的高兹曼（Goetzmann）、金和希勒合著的《影响、媒体和地震：投资者调查中崩盘信念的决定因素》（"Affect, Media and Earthquakes: Determinants of Crash Beliefs from Investor Surveys"），以及约翰逊和特沃斯基在1983年发表的《影响、泛化和风险感知》（"Affect, Generalization, and the Perception of Risk"）。洛文斯坦（Loewenstein）、希（Hsee）、韦伯和韦尔奇（Welch）在《风险即感觉》（"Risk as Feelings"）中对风险这种感觉做了研究，发表在*Psychological Bulletin,* 2001，Vol. 127，No. 2，pp. 267–286。

1999年9月14日的《纽约时报》和2000年3月3日的《华尔街日报》介绍了奔迈掌上电脑和3Com从奔迈公司分离出来的故事。

1999年11月22日,《华尔街日报》刊登了彼得·洛夫特斯（Peter Loftus）一篇题为《翻修》（"Overhaul"）的文章，描述了ComputerLiteracy.com网站名称的变化。纽约百吉饼交易所的价格数据来自路孚特（Refinitiv）的数据库。2000年9月17日，库珀（Cooper）、迪米特洛夫（Dimitrov）和劳（Rau）合著的论文《玫瑰网易名》提供了关于互联网相关名称变化的更广泛信息。

《华尔街日报》和《纽约时报》等多家媒体披露了互联网泡沫最后几天二线企业首次公开募股的细节。

有关互联网使用率和美国在线市场份额的信息来自皮尤研究中心（Pew Research）和美国国家电信和信息管理局。

亚马逊和雅虎的收入和收益量化数据来自这两家公司的年报。

杰克逊法官关于微软滥用垄断权力的裁决来源于美国司法部网站。有关此案的其他信息可从《纽约时报》、《连线》杂志、CNET.com和彭博社获得。

许多有关行为偏差的信息来源于卡尼曼和特沃斯基1974年9月27日发表的《不确定下的判断：启发式和行为偏差》（"Judgement under Un-certainty: Heuristics and Biases"），Science, New Series, Vol. 185, No. 4157。其中第1128页讨论了锚定效应和联合国中非洲国家所占比例的问题。有关非洲联合国成员比例的当代数据来自联合国官方网站。

卡尼曼和特沃斯基描述前景理论的开创性论文是《前景理论：风险下的决策分析》，首次出现Econometrica, Volume 47, Number 2, March 1979。库珀、霍拉纳（Khorana）、奥索波夫（Osobov）、帕特尔（Patel）和劳的著作《应对市场低迷的管理行为：网络衰退中名称变更的估值效应》（"Managerial Actions in Response to a Market Downturn: Valuation Effects of Name Changes in the dot.com Decline"）讲述了各公司为避免与互联网泡沫破裂相联系而变更互联网相关名称的故事。这两项研究中所引用的公司名单来自库珀教授。

大衰退

有关雷曼兄弟申请破产的详情，《华尔街日报》、《市场观察》（*MarketWatch*）和美国有线电视新闻网等多家媒体均有报道。有些细节来自实际文件，包括美国破产法院（U.S. Bankruptcy Court）、纽约南区（Southern District of New York）的文件，以及破产请愿#：08-13555-scc。

有关《退伍军人权利法案》的信息来源于美国国防部官方网站。有关美国抵押贷款市场和房屋所有权的历史细节来源于作者的《崩溃和救援》。这些数据也可以在美国住房和城市发展部官方网站和圣路易斯联邦储备银行美联储经济数据库找到。

引用的房价来源于标准普尔/凯斯-希勒房价指数（S&P CoreLogic Case/Shiller Home Price Indices）。有关抵押担保证券市场规模、汇丰银行、新世纪金融、贝尔斯登等问题的详细信息来源广泛，包括卡里克·莫伦坎普（Carrick Mollenkamp）2007年2月8日和7月17日发表于《华尔街日报》的两篇文章，以及2007年4月2日发表在《纽约时报》的一篇文章。

捆绑和分拆抵押贷款的故事已经讲过好几次了，在《崩溃和救援》一书中也有提及。有关抵押担保证券市场规模的增长情况可以从全球统计数据库和世界银行中了解到。

《华尔街日报》等金融媒体都披露了贝尔斯登对冲基金的情况、美林公司的参与以及这些基金倒闭的细节。有关美林公司的信息来源广泛，主要来源于该公司以及2007年10月30日的纽约时报。《华尔街日报》2007年7月25日刊登了一篇关于美国国家金融服务公司预见未来问题的文章。2007年8月6日的《华尔街日报》讲述了贝尔斯登联合总裁致客户的信件以及他们随后辞职的故事。

有关2007年9月和10月的一连串坏消息来源广泛，包括《华尔街日报》、沃顿商学院（the Wharton School）和圣路易斯联邦储备银行。有关高盛及其拥有"第三级"资产数额的信息来自美国证券交易委员会、高盛和《华尔街日报》（2007年10月10日）。2007年10月12日，《华尔街日报》刊登了一篇关于证券交易中独立交易比例的文章，作者是苏珊·普莱姆（Susan Pulliam）、兰德尔·史密斯（Randall Smith）和迈克尔·西科诺菲（Michael Siconolfi）。

《纽约时报》2008年11月22日的一篇文章讲述了花旗集团对

其所持抵押担保证券安全性的过度自信,这篇文章由埃里克·达什(Eric Dash)和朱莉·克雷斯韦尔(Julie Creswell)报道。英国广播公司(BBC)等多家媒体都讲述了北岩银行破产的故事。英国广播公司和《华尔街日报》在2007年10月13日发表的一篇文章中谈到美国国际集团可能参与拯救北岩银行。关于美国国际集团破产危机的其他细节,包括一些关于其问题程度的大量引用,来源也有很多,包括贝瑟尼·麦克莱恩(Bethany McLean)和乔·诺切拉(Joe Nocera)的《群魔乱舞》(*All the Devils Are Here*)。美国国际集团不计后果出售信用违约掉期,及其其他愚蠢行为的细节来源于西北大学凯洛格管理学院(Northwestern University's Kellogg School of Management)发表的《AIG到底出了什么问题》("What Went Wrong at AIG")等。

关于金融关注和"鸵鸟效应"的信息可以在许多学术论文中找到,包括卡尔森(Karlsson)、洛文斯坦和塞皮(Seppi)于2009年发表的《鸵鸟效应:对信息的选择性注意》("The Ostrich Effect: Selective Attention to Information"),以及赛克文(Sicherman)、洛文斯坦、塞皮和乌克斯(Utkus)于2015年发表的《金融关注》("Financial Attention")。关于注意力对个人投资者选股影响的信息,详见巴伯和奥丁2007年发表的《闪闪发光的东西:注意力和新闻对个人和机构投资者购买行为的影响》("All That Glitters: The Effect of Attention and News on the Buying Behavior of Individual and Institutional Investors")。关于广告和投资者参与材料来源于论文《广告、所有权广度和流动性》("Advertising, Breadth of Ownership, and Liquidity"),由格鲁利翁(Grullon)、卡纳塔斯(Kanatas)和韦斯顿(Weston)于2004年4月发表。收益公告时间对投资者注意力影响的细节来源于 Handbook of the Economics of Finance, chapter 22, "The Behavior of Individual Investors" by Barber and Odean, page 1559。

摩根士丹利的业绩数据由该公司提供。《纽约时报》在2007年12月25日、2008年1月2日、2008年1月15日、2008年1月17日以及2008年1月18日的文章中披露了美林公司在2007年年底和2008年年初的业绩、减记和筹资信息。2008年1月21日的《华尔街日报》讲述了马萨诸塞州斯普林菲尔德在抵押担保证券方面的不幸遭遇。

旅客在石化森林国家公园里从众偷盗的故事来源于罗伯特·B.西奥迪尼(Robert B. Cialdini)2003年发表在《最新心理科学指南》(Current Directions in Psychological Science)上的《保护环境的规范信息》("Crafting Normative Messages to Protect the Environment")、2017年5月24日发表在《今日心理学》(Psychology Today)上的《人们随波逐流背后的科学》("The Science Behind Why People Follow the Crowd")以及来自国家公园管理局官方网站。在1997—1998年亚洲金融危机期间,韩国投资者的羊群行为相关信息来源于"Foreign Portfolio Investors Before and During a Crisis," NBER No. 6968, p. 9 and table 4。伯恩斯(Berns)、查普洛(Chappelow)、津克(Zink)、帕伽罗尼(Pagnoni)、马丁-库尔兹基斯(Martin-Skurski)和理查兹

（Richards）发表于2005年的《心理旋转过程中社会从众和独立的神经生物学关联》("Neuro-biological Correlates of Social Conformity and Independence During Mental Rotation")一文中描述了在评估三维形状时，参与者让自己成为群体一员的羊群行为。

兰开夏郡（Lancashire）、曼彻斯特（Manchester）和北默西塞德（North Merseyside）野生动物信托组织的《椋鸟群飞的简介及其原因》("What Is a Starling Murmuration and Why Do They Form")一文讲述了椋鸟"成群"的迷人样子。相关视频可以在美国国家公园管理局网站上找到。

关于美国国际集团减记的内部争论在《崩溃和救援》一书中有所描述。2008年3月1日《华尔街日报》报道了美联储主席伯南克对银行倒闭的警告。2008年春天的细节来源于《华尔街日报》《纽约时报》等。

几篇学术论文研究了多种情况下的信息过载。2004年5月阿格纽（Agnew）和斯科曼（Szykman）合著的《资产配置和信息过载：信息显示、资产选择和投资者体验的影响》是讲述信息过载投资背景下的最好的一本书。

雷曼兄弟的历史来源于公司金融研究（Corporate Finance Institute）等多家机构。美国全国广播公司财经频道（CNBC）和《华尔街日报》报道了美林公司在2008年夏天挥霍无度的支出。在沃顿的大衰退时间表中，2008年6月19日的内容讨论了针对抵押贷款银行家和房地产开发商的刑事打击事件。

房利美及其历史，还有其他两家政府支持企业的历史，来源于各种媒体报道，包括美国住房和城市发展部官方网站、美国有限电视新闻网、《华尔街日报》，以及时任财政部部长的小亨利·M.保尔森（Henry M. Paulson）所著的《崩溃边缘》（*On the Brink*）。

雷曼兄弟申请破产和美国银行收购美林公司的故事来源于《纽约时报》《华尔街日报》以及安德鲁·罗斯·索尔金（Andrew Ross Sorkin）的《大而不倒》（*Too Big To Fail*）和《崩溃边缘》等。

托马斯·贝叶斯的工作和对贝叶斯定理的应用在许多著作有皆有讨论。莎朗·麦格瑞（Sharon Bertsch McGrayne）的《不会死的理论》（*The Theory That Would Not Die*）就是个很好的资料来源。

卡尼曼和特沃斯基关于过度反应的论文发表于1977年6月，题为《直觉预测：偏差和纠正程序》（"Intuitive Prediction: Biases and Corrective Procedures"）。对股票拆股过度反应的数据来自拉穆雷奥克斯（Lamoureaux）和潘（Poon）的《市场对股票拆股的反应》（"The Market Reaction to Stock Splits"），以及奥尔森（Ohlson）和彭曼（Penman）的《股票拆股后波动增加：经验偏差》（"Volatility Increases Subsequent to Stock Splits: An Empirical Aberration"）。凯恩斯的引用来源为其开创性著作《就业、利息和货币通论》第138页。

共同基金流量数据来自美国投资公司协会。交易所交易基金流动数据来自晨星公司（Morningstar）的《晨星基金流动和投资趋势2009年年报》。

关于投资者忽略其过去表现的学术研究是格拉泽（Glaser）和韦伯发表于2007年的《为什么没有经验的投资者不吸取教训：他们不知道自己投资组合的过去表现》（"Why Inexperienced Investors Do Not Learn: They Do Not Know Their Past Portfolio Performance"）。对芬兰投资者和处置效应的研究来源于塞鲁、沙姆韦和斯托夫曼发表在《金融研究评论》（*Review of Financial Studies*）的《通过交易学习》。

"大衰退"期间美国房屋被没收的人数数据来源为《洛杉矶时报》（*Los Angeles Times*）2018年9月15日的报道。

第四章

道琼斯指数和标准普尔500指数的数据来自标准普尔道琼斯指数公司。美国国债数据来自耶鲁大学。房价数据采用标准普尔/凯斯-希勒房价指数（S&P CoreLogic Case/Shiller Home Price Indices）。收益和相关性的计算方法来自作者。

贝纳茨和泰勒的论文名为《短视损失规避和股权溢价之谜》（"Myopic Loss Aversion and the Equity Premium Puzzle"），May 1993，NBER Working Paper No. 4369。关于投资者关注一年回报的结论位于第5页。

威廉·萨缪尔森和理查德·泽克豪泽在《决策中的现状偏见》（"Status Quo Bias in Decision Making"）中对现状偏差进

行了研究，该研究发表在 Journal of Risk and Uncertainty, Vol. 1, No. 1（March 1988），pp. 7–59。

处置效的相关信息见于舍夫林和斯德特曼1985年发表的《过早出卖盈利股票和保留太久亏损股票的倾向：理论与证据》（"The Disposition to Sell Winners Too Early and Ride Losers Too Long: Theory and Evidence"），以及奥丁教授发表于1997年12月的《投资者是否不愿意意识到自己的损失》（"Are Investors Reluctant to Realize Their Losses？"）。

过度反应以及塞勒和德邦特的赢者输者股票组合的相关信息见于《股票市场过度反应了吗》（"Does the Stock Market Overreact？"），The Journal of Finance, Vol. XL, No. 3，July 1985。

比艾（Biais）和韦伯在《后视偏差、风险感知和投资业绩》（"Hindsight Bias, Risk Perception, and Investment Performance"）一文中对金融中的后视偏差进行了出色分析，发表在 Management Science, Vol. 55，No. 6，June 2009，pp. 1018–1029。

过度自信的相关研究有很多，在投资和金融领域也是如此。其中一个很好的例子是巴伯、黄（Huang）、高（Ko）和奥丁在2019年发表的《杠杆过度自信》。该文章描述了过度自信导致糟糕投资实践和低回报的各种方式。

有关地震海啸摧毁福岛第一核电站的详细信息，请参阅美国地质调查局官方网站等来源。有关核反应堆的信息来自世界核协会。有关海洋辐射的数据来自伍兹霍尔海洋研究所。

商业飞行和交通事故的死亡数据分别来自美国航空公司和公

路安全保险协会。

奥列格·邦达连科在2003年11月发表的《为何看跌期权如此昂贵》("Why Are Put Options So Expensive")一文描述了美国某些指数期权市场的可得性偏差。

损失规避与前景理论有关，前景理论的基础信息来源于前面提到的卡尼曼和特沃斯基的计量经济学论文。在损失规避方面更早的研究来自1990年获得诺贝尔经济学奖的哈里·马科维茨（Harry Markowitz）的论文。马科维茨的论文标题是《财富的效用》("The Utility of Wealth")，发表于1952年。

人们对羊群效应进行了大量研究。比克昌丹尼（Bikhchandani）和夏尔马（Sharma）所著的《评论：金融市场中的羊群行为》("Herd Behavior in Financial Markets: A Review")中有详细描述，该论文于2000年3月发表在国际货币基金组织的工作报告中。研究韩国投资者羊群现象的论文是为金、魏所著国家经济研究局工作论文第6968号的《危机之前和危机期间的外国证券投资者》("Foreign Port-folio Investors Before and During a Crisis")。凯恩斯在其《就业、利息和货币通论》第156页写道，我们现在正在"预测一般人对一般人的看法"。2011年1月11日，美国国家公共电台网站上发表了一篇题为《我们可爱的动物实验》("Our Cute Animal Experiment, Explained")的文章，详细介绍了这次现代版本的选美比赛。

关于过度反应的大部分细节来自德邦特和塞勒的《股票市场过度反应了吗》("Does the Stock Market Overreact?")和《证

券分析师过度反应了吗》（"Do Security Analysts Overreact？"）。

投资的社会方面是一个相对较新的研究课题，但希勒1984年的论文中有提及，"Stock Prices and Social Dynamics" 1984，p. 457。罗伯特·普莱克特的信息来自Elliott twave.com和Chicago Tribune, October 23，1987。

关于"梦幻之物"的信息来源于之前引用的塔克特和塔夫勒的论文。

情感对投资者的影响在2017年高兹曼、金和希勒合著的《影响、媒体和地震：投资者调查中崩盘信念的决定因素》（"Affect, Media and Earthquakes: Determinants of Crash Beliefs from Investor Surveys"）中有解释。

关于锚定效应的经典研究发表在卡尼曼和特沃斯基发表的《不确定下的判断：启发式和行为偏差》，发表在 Science magazine, No. 185，pp. 1124-1131。另一篇论文是鲍希尔（Baucells）、韦伯和威尔芬（Welfens）于2011年发表的《参考点形成和更新》（"Reference-Point Formation and Updating"）。

从20世纪60年代开始，主流媒体就对"漂亮50"的股票进行了大量报道。这里的"漂亮50"不应该与印度国家证券交易所上市的印度股票基准"漂亮50指数"混为一谈。《福布斯》（Forbes）杂志，以及波莫纳学院（Pomona College）的杰夫·费森迈尔（Jeff Fesenmaier）和加里·史密斯（Gary Smith）教授对我们这里所说的"漂亮50"进行了广泛讨论。其股票价格来自芝加哥大学证券价格研究中心。市盈率数据来自沃顿研究数据服务。

贝纳茨和泰勒发表于1993年5月的第4369号美国国家经济研究局工作论文《短视损失规避和股权溢价之谜》中介绍了短视损失规避。其他相关的重要论文包括拉尔森（Larson）、李斯特（List）和梅特卡夫（Metcalfe）发表于2016年9月的《短视损失规避能解释股权溢价之谜吗？来自专业交易员自然现场实验的证据》（"Can Myopic Loss Aversion Explain the Equity Premium Puzzle? Evidence from a Natural Field Experiment with Professional Traders"），以及泰勒、特沃斯基、卡尼曼和施瓦茨1997年5月发表在《经济学季刊》（*The Quarterly Journal of Economics*）上的《实验测试：短视和损失规避对风险承担的影响》（"The Effect of Myopia and Loss Aversion on Risk Taking: An Experimental Test"）。

纽约证券交易所的交易数据（包括年度成交额）来自圣路易斯联邦储备银行的美联储经济数据库。量化过度交易造成伤害的研究细节可以在巴伯和奥丁2013年所著的《金融经济学手册》（*Handbook of the Economics of Finance*）的第22章"个人投资者的行为"中找到，详细内容见于1540页。

本·伯南克关于美联储在20世纪30年代所犯错误的论文为《大萧条传播中金融危机的非货币效应》（"Nonmonetary Effects of the Financial Crisis in the Propagation of the Great Depression"），发表在*The American Economic Review*, Vol. 73，No. 3，June 1983。